Chinese Teaching Method

중국어교수법

Chinese Teaching Method

중국어
교수법

윤창준 편저

學古房

들어가는 말

대학에서의 중국어 교육은 어떻게 이루어질까? 기본적으로 수업의 난이도에 따라 초급, 중급, 고급으로 나뉠 것이며, 각각의 난이도에 걸맞는 교과목 이름이 붙여져 있을 것이다.

그렇다면 대학에서의 중국어 교육은 누가 담당하는가? 대학마다 사정이 다르겠지만 대부분의 대학에서는 초급 중국어의 경우 비전임교수가 담당하는 경우가 많다. 박사과정을 수료하거나 박사학위를 취득하면 가장 먼저 주어지는 강좌가 아마도 초급 중국어일 것이다. 또한 중국이나 대만에서 학위를 취득하고 귀국하면 모교에서 처음으로 배정해 주는 강의 역시 초급 중국어인 경우가 많다.

해당 교수자의 전공과 무관하게, 중국 언어 교육에서 가장 중요할 수도 있는 초급 중국어는 강의 경험이 없는 초보 강사가 맡는 경우가 허다하다.

필자 역시 대학원에서 박사학위를 수료한 후 처음 맡게 된 강의가 초급중국어였던 것으로 기억된다. 강단에 서 본 경험도 없는 상태에서 중국어 교육을 어떻게 할 것인가에 대한 초보적 지식이나 고민도 없이 그렇게 떠밀리다시피 처음 맡게 된 교과목이 초급중국어였다.

필자의 경험에 의하면 이렇게 본인의 전공과 무관하게 맡게 된 초급중국어 교과목은 매 강의마다 무척 힘들었던 기억이 있다. 이때 대부분의 강사들은 철저하게 교재에 의존하여 수업을 진행하게 된다.

아마 현재도 이러한 상황은 필자가 처음 중국어강의를 하던 그 때와 별로 달라지지는 않은 듯하다. 따라서 중국어교재의 영향력은 매우 크며, 어떠한 교재를 사용하는가는 강의의 성공을 좌지우지할 정도로 매우 중요한 일이 된다.

하지만 국내에서 사용되고 있는 대부분의 초급중국어 교재들은 중국에서 출판된 교재를 한국어로 번역한 교재들이다. 이러한 교재의 학습 대상자들은 한국인 중국어 학습자가 아니라 중국어를 학습하려고 하는 전세계 사람들인 것이다. 따라서 이러한 교재에는 한국인 중국어 학습자를 위한 정보는 거의 담겨 있지 않고, 한국어 특성을 고려한 어법 설명이나 어휘 설명 역시 없는 실정이다.

또한 동일한 교재를 사용한다고 하더라도 교수자의 교수법에 따라 교육의 효과는 매우 큰 차이가 난다. 어떻게 강의할 것인가에 대한 고민이 필요한 대목이기도 하다.

필자가 대학 강단에 선지 14년째이지만, 필자 역시 중국어 교수법에 대한 특별한 고민 없이 중국어 교육에 임해 왔음을 인정한다. 그저 교재에서 언급된 내용을 순서에 따라 강의함으로써 중국어 교육을 담당해 온 것이다.

만일 교직이수과정이 설치되어 있는 대학이라면 3학년 교직이수 필수과목으로 중국어교육론 수업을 하는 학교가 상당수 있을 것이다. 이때 이 강좌를 맡는 교수 혹은 강사는 마땅한 교재가 없어 또한 번 고민에 빠진다. 물론 국내에도 중국어교육론과 관련된 몇 종의 교재가 이미 출판되어 있으나, 강의를 하는 교수 혹은 강사 스스로가 이러한 교재에 적응하지 못하여 사용을 꺼리는 경향이 있는 것이다.

이러한 즈음, 필자는 스스로의 반성의 기회로 삼고, 또한 중국어 교육자들이 중국어 교수법에 보다 많은 시간과 노력을 쏟아 보다 발전적인 중국어 교수법을 계발하는데 도움을 주고자 ≪중국어 교수법≫이란 졸저를 세상에 내놓는다.

이 책은 北京語言文化大學出版社(現 北京語言大學出版社)에서 2002년에 출판한 ≪漢語課堂 教學技巧≫라는 책을 저본으로 쓰여졌음을 알린다. 다만 이 책이 출판된 지 어언 16년이나 지남에 따라서 내용 중 일부는 현재의 교육환경과 부합되지 않는다. 또한 이 책 역시 한국인 중국어 학습자만을 위한 중국어 교수법이 아니라 모든 중국어 학습자를 대상으로 한 중국어 교수법이기 때문에 한국의 중국어 교육실정과 맞지 않는 부분도 있다.

이에 필자는 기본적인 골격과 적당한 예문은 이 책의 체계를 따르되, 현실의 중국어 교육환경과 한국의 실정에 맞지 않는 부분은 과감히 삭제하고, 대신 필자의 의견을 조심스럽게 피력하였다.

이 책은 보다 효율적인 중국어 교수법 제시를 위하여 크게 두 개의 Chapter로 구분하였다. 즉 기본 교수법과 주요 교수법으로 나누었다. 기본 교수법은 중국어 학습에서 반드시 필요한 발음 교수법과 한자 교수법이다. 즉 發話를 할 수 있고 읽을 수 있는 것이 중국어 학습의 기본 출발점이라고 생각하기 때문이다.

주요 교수법은 듣기, 말하기, 읽기, 쓰기에 대한 교수법이다. 일반적으로 외국어 교육의 가장 중요한 요소가 듣고 말하고 읽고 쓰기이기 때문이다.

8

먼저 Chapter I 의 제 1장은 중국어 발음 교수법이다. 대부분의 현장에서 발음에 대한 강의는 -b, -p, -m, -f 등의 성모와 운모, 그리고 성모와 운모의 결합 연습에서 마치고, 바로 你好嗎?의 문형 연습이나 회화 단계로 넘어간다. 이 책에서는 보다 효율적인 발음 교육을 위한 몇 가지 제언을 할 것이다.

Chapter I 의 제 2장은 중국어 한자 교수법이다. 중국어 교육현장에서는 사실 한자에 대한 교육은 거의 부재한 실정이다. 따라서 한자 학습은 고스란히 학습자의 몫으로 넘어간다. 한자의 기원이나 특징, 간체자와 번체자의 차이 등에 대해서 집중적으로 강의할 시간적 여유도 없다. 이 책에서는 중국어 학습자가 알아야 할 최소한 한자에 대한 지식을 소개하고자 한다.

Chapter II 의 제 1장에서는 중국어 듣기 교수법을 소개하고자 한다. 최근 HSK 응시자 수가 증대되면서 듣기 훈련에 대한 수요는 증대하고 있으나, 이 역시 교육현장에서는 제대로 진행되지 않고 있는 듯하다. 1장에서는 다양한 방법으로 듣기 능력을 향상시키는 방법을 소개하고자 한다.

Chapter II 의 제 2장은 중국어 말하기 교수법이다. 최근 대학에 원어민 교수가 늘어나면서 중국어 말하기 수업의 대다수는 원어민 교수들이 담당하고 있다. 한국인 중국어 학습자를 대상으로 강의한 경험이 많은 원어민 교수의 경우에는 다양한 방법으로 한국어와 중국어의 차이를 인지하면서 효율적인 강의를 진행하고 있으나, 그렇지 못한 경우에는 앞서 언급한 것처럼 교재를 중심으로 단편적으로 진행이 된다. 2장에서는 다양한 방법으로 중국어 말하기 능력을 향상시킬 수 있는 몇 가지 방법을 제시하고자 한다.

Chapter Ⅱ의 제 3장은 중국어 독해 교수법이다. 실제 교육현장에서 중국어 독해 수업은 주로 본문에 대한 해석 위주로 단편적으로 진행된다. 이 책에서는 보다 다양한 방법으로 학습자의 읽기 능력을 제고시킬 수 있는 방법을 제시해 보고자 한다.

Chapter Ⅱ의 제 4장은 중국어 작문 교수법이다. 사실 교육 현장에서는 작문 수업이 가장 난이도가 높다고 생각되며, 아무리 중국어에 능통한 한국인 교수자라도 작문 수업은 부담이 가는 게 사실이다. 따라서 한국어 구사가 가능한 원어민교수가 담당하거나, 중국어에 아주 능통한 한국인 교수자가 주로 본 과목을 담당한다. 그럼에도 현재의 작문 수업은 한국어를 중국어로, 중국어를 한국어로 옮기는 데에 주안점을 두고 단편적으로 진행되는 것이 일반적이다. 이 장에서는 중국어 작문 교수법에 대해서 몇 가지 다양한 방법을 제시하고자 한다.

아무쪼록 이 책을 통하여 처음으로 중국어 강의를 맡게 되는, 혹은 맡고 있는 한국의 중국어 교수자들이 다소나마 중국어 교수법에 대한 도움을 얻기를 바란다.

목차

Chapter 2

14

Chapter 1

제1장 발음 교수법

발음수업은 중국어 수업의 첫 단계이다. 이 단계의 수업효과는 학습자의 중국어 학습에 대해 향후 매우 중대한 영향을 끼친다. 그 이유로는,

1. 발음은 언어의 표현 수단이기 때문이다. 한 언어를 공부할 때 발음의 정확성은 학습 성패의 중요한 기준이 되고, 학습자의 언어수준을 나타내는 수단이 되기도 한다. 만약 이 단계에서 학습자의 발음 교육이 제대로 이루어지지 못한다면, 이 후에는 더욱 고치기가 어려워진다.

2. 발음학습은 중국어 학습의 첫 단계로, 만약 교수자가 강의경험이 많으면 학습자의 학습 난이도를 감소시킬 수 있고, 이후의 학습흥미를 끌어올릴 수 있기 때문이다. 이와 반대로 교수자가 요령이 없으면 학습 난이도를 증가시킬 것이고, 학습자의 학습 흥미는 떨어질 것이다.

그러나 성인 학습자에 대해 말하자면, 중국어 발음을 잘 학습하는 것은 결코 쉬운 일은 아니다. 왜냐하면 성인 학습자는 이미 형성된 모국어 발음 습관을 가지고 있고, 특히 중국어의 특수한 발음과 성조가 있기 때문에, 수업 중에 확실한 방법을 사용해서 그들이 발음의 어려움을 극복하고 순조로운 출발을 있도록 도와야 한다.

발음 교수 단계는 일반적으로 매우 짧아서 모든 발음문제를 이 단계에서 해결 할 것을 기대 할 수 없다. 이 단계는 여러 가지 연습방법을 사용하여 학습자의 학습 흥미를 올려야 한다.

제1장에서는 다음의 몇 부분에 대해서 교수법을 소개하고자 한다.

- 발음, 어떻게 시작할 것인가
- 발음, 어떻게 지도할 것인가
- 발음, 어떻게 연습할 것인가
- 발음, 어떻게 교정할 것인가

1. 발음, 어떻게 시작할 것인가

발음소개는 가르쳐야 하는 발음의 항목(성모, 운모, 성조, 음절, 어구 등)을 각종 방식을 통해 학습자에게 소개하고, 그들에게 수업내용을 이해하게 하는 것이다. 여기에서는 성모, 운모, 성조의 소개 방법을 강조하여 소개한다.

1) 성모와 운모의 소개방법

다음은 흔히 볼 수 있는 성모, 운모의 설명 방법이다.

(1) 성모·운모 표

성모와 운모표를 이용하여 학습할 발음을 학습자에게 소개한다. 물론 이것도 일종의 발음 설명이지만, 이것은 정적인 소개에 해당된

다. 학습자가 학습에 몰두하지 않을 경우 이러한 정적인 소개는 학습
효과가 떨어질 수 밖에 없다. 때문에 본 책에서는 교수자가 교실에서
수업진도에 따라 하나씩 차근히 진행하는 소개인 동적인 소개 방법
를 제시한다. 예를 들어 성모를 가르칠 때는 성모표를 활용하고 운모
를 가르칠 때는 운모표를 사용함으로써 보다 집중력을 향상시키는
방법이다.

(2) 그림 제시하기

이번 수업에서 가르쳐야 할 발음 항목을 PPT로 만들어 제시한다.
이것은 많은 교수자가 흔히 사용하는 일종의 동적인 소개 방법이다.
예를 들어 제 1과에서 단운모를 가르친다면 수업단계에 따라 하나씩
a o e i u ü 를 PPT의 일정한 위치에 가로로 쓴다. 6개 단운모를 다
가르치면, 다시 하나씩 b p m f d t n l 등의 8개 성모를 PPT의 위치에
세로로 쓴다. 그 후에 성모와 운모의 병음을 읽는 단계에 들어서면,
교수자는 성모와 운모가 결합된 하나의 음절을 제시하는데, 예를 들
면 b-와 a 의 병음을 읽고, bā 라고 쓴 PPT를 제시한다.

PPT를 제시할때는 운모의 직관적인 형태를 고려하고 발음하는 입
모양 a o e를 a o e로 확대하여 쓰고 적당히 과장해서 학습자가 그들
이 입을 벌리는 정도가 다름을 알게 하여야 한다.

(3) 발음시범

학습해야 하는 발음항목을 학습자에게 들려준다. 발음시범은 정확
하고 뚜렷하게 해야 하고, 모든 학습자가 깨끗하고 정확하게 듣게 해

야 한다. 단계를 시작하면 과장된 방법을 적당히 이용하고 발음하는
소리를 늘린다.

(4) 입모양 설명

교수자는 학습자가 발음을 내는 요령을 파악할 수 있도록 학습자
에게 발음하는 입모양을 보여준다. 입모양 시범은 먼저 자신의 손가
락으로 눈을 가리켜 학습자들에게 보라는 의사를 표시하고 그 후에
교수자 자신의 입을 가리켜 입 벌리는 정도, 입술을 둥글게 하는지
아닌지, 입술을 모으는지 혹은 앞으로 내는지 등 시범동작을 학습자
들이 보게 한다.

(5) 발음부위도 활용

발음부위도를 이용하여 학습자에게 발음하는 방법을 이해시킨다.
이 발음부위 그림은 대부분의 교재에 있다. 설명 할 때 교수자 자신
의 입, 혀, 치아를 결합해 학습자들이 발음부위를 명백히 알게 하고,
입의 모양과 혀, 발음 할 때의 정확한 위치도 파악하게 한다.

(6) 양손으로 발음기관 모방하기

손을 사용해 구강과 혀를 모방하여, 학습자들이 발음기관의 정확
한 위치를 체득 하게 한다.

발음은 입모양, 혀의 위치, 혀와 치아의 마찰 등이 상호작용 하여
이루어진다. 따라서 눈에 보이지 않는 발음기관을 나타내기가 쉽지

는 않지만, 몇가지 방법은 있다.

예를 들어 성모 중에서 권설음을 가르칠 때, 왼손의 중심을 아래로 향하고 네 손가락을 모아서 약간 구부리고, 오른손 중심은 위로 향하고 손가락을 구부린다. 파찰음 zh ch 을 발음할 때는 오른손 손가락을 구부리고 왼손 두 번째 관절을 지탱했다가 다시 분리한다. 마찰음 sh 을 발음할 때는 오른손 손가락을 구부리고, 왼손 두 번째 관절에 가까이 접근하되 접촉하지 않게 한다. 설면전음(舌面前音)을 가르칠 때는 왼손 중심은 아래를 향하고 네 손가락을 모아 구부린 뒤에 오른손 중심은 위로 향하게 하며 손가락은 쪽 내민다. 파찰음[j, p] 을 발음할 때는 오른쪽 손가락 첫 번째 관절의 도톰한 부분이 왼손 두 번째 관절을 지탱했다가 분리시킨다. 마찰음[x] 을 발음할 때는 오른손 손가락 첫 번째 관절 도톰한 부분이 왼손 두 번째 관절에 가까이 가되 접촉하지 않도록 한다.

이렇게 왼손과 오른손이 조화되어 거의 모든 설치음의 발음 부위와 혀와 치아의 활동을 설명할 수 있다.

주의해야 할 것은 이 신호 시스템을 시도할 때, 학습자에게 먼저 발음 부위 그림을 보게 하고 당신의 손짓이 나타내는 의미를 이해하도록 해야만 비로소 정확한 정보를 전달할 수 있다.

2) 성조 소개방법

중국어 성조는 중국어 발음의 제일 중요한 특징이고, 중국어 학습의 어려운 점이기도 하다. 성조를 설명하고 시범하는 방법은 아래에 몇 가지가 있다.

(1) 발음시범

교수자는 발음을 통해, 성조의 발음을 학습자에게 들려준다. 발음 시범은 제일 기초적인 성조 설명 방법이다. 시작할 때, 발음을 길게 늘이고, 음높이의 변화를 강조하여, 학습자에게 비교적 깊은 인상을 남겨야 한다.

(2) 5도 성조 설명도

5도 성조 설명도를 이용하여 성조를 시각적인 모습을 학습자들에게 주어 학습자들이 성조 음높이의 변화과정을 체험하고 파악하는데 도움을 준다.

5도 성조 설명도의 예는 아래에 있다.

구체적인 방법 : 교수자가 손으로 발음과정을 가리키면서 음높이 변화에 따라 발음한다. 예를 들면 55를 가리키고 동시에 정확한 제1성 발음을 하고, 35를 가리키고 제2성을 발음 하는 것이다.

(3) 그림 보여주기

교수가 성조의 변화를 가르칠 때, 간단한 설명도를 이용하여 성조의 변화를 학습자에게 구체적으로 설명한다. 예를 들어 제3성 성조변화 '一', '不'의 성조 변화를 가르친다면 모두 그림 보여주기를 사용할 수 있다.

3성과 3성이 연결됨이 표시되면 첫 번째 3성을 2성으로 읽어야 하는데, 그림으로 나타내면 다음과 같다.

그림 1 : ǎ +ǎ → á +ǎ
예 : nǐ + hǎo → níhǎo
　　 你　 好　　 你好

또한 3성이 1, 2, 4성 앞에 나오면 반3성으로 읽는데, 그림으로 나
타내면 다음과 같다.

그림 2 : hǎo + tiān → hǎo(반3성) + tiān
　　　　 hǎo + rén → hǎo(반3성) + rén
　　　　 hǎo + kàn → hǎo(반3성) + kàn

'一'의 성조변화는 특수한 발음현상인데, 그림으로 나타내어 그 성
조변화의 규칙을 분명히 요약할 수 있다. 그림으로 나타내면 다음과
같다.

一　 yī
yī + zhī → yì zhī
yī + tiáo → yì tiáo
yī + bǎ → yì bǎ
yī + jiàn → yí jiàn

2. 발음, 어떻게 지도할 것인가

소개 혹은 제시를 통해 학습자가 처음으로 발음의 기본적인 내용을 이해한 후, 학습한 발음을 학습자가 정확하게 발음하도록 지도하고 계발하는 단계로 들어간다. 자주 보이는 발음지도의 방법은 아래에 몇 가지 있다.

1) 유도법

유도법은 이미 배운 적이 있는 음소 혹은 학습자의 모국어 중에 존재하는 음소를 사용하여 발음부위와 조음방법이 서로 비슷한 새로운 음소를 가져오거나, 발음하기 쉬운 음으로 다른 발음부위 혹은 유사한 발음을 가져온다.

유도법을 사용하면 비교적 순조롭게 학습자의 발음을 이끌어 낼 수 있다. 방법은 학습자가 쉽게 학습한 것과 이미 파악한 음을 이용해 발음할 때 조금씩 입모양과 발음방법을 고치면서 새로운 발음을 끌여 들여 반복함으로써 또다른 새로운 발음을 학습하는 방법이다.

다음은 흔히 사용하는 예이다.

(1) 유도법으로 [e] 가르치기

먼저 [o] 발음을 하고, 그 후에 [o]의 발음을 길게 끈다. 손으로 입을 가리키고 입 주변을 천천히 양쪽으로 벌려서 입모양이 둥근 모양에서 납작해지게 하여 [e] 발음이 편하게 나오게 한다.

(2) 유도법으로 [ü] 가르치기

[ü]를 가르칠 때 먼저 [i]를 가르치고, [i]를 정확하게 발음하면 교수자가 손으로 입을 가리키며 [i] 음의 길이를 연장하고 음을 끄는 과정 중에 입술을 둥글게 모아 [ü]발음을 쉽게 나오게 한다.

(3) 유도법으로 [r] 가르치기

먼저 [sh] 발음을 하고 그 후에 [sh] 발음 부위를 이용해서 [sh] 발음을 연장하고, 성대를 울려서 음성을 맑은소리(청음)에서 탁한소리(탁음)으로 변하게 하면 편하고 자연스럽게 [r]을 발음 할 수 있다.

(4) 유도법으로 설첨모음(舌尖元音) 가르치기

중국어의 운모 -i[ɿ]와 -i[ʅ]는 단독발음이 안되고 파악하기가 어려워서 이 운모들은 [zi] [ci] [si] 와 [zhi] [chi] [shi] [ri] 로 나누어 발음 연습을 한다. 제일 간편한 방법은 성모의 발음과정을 연장해 이 두 개의 모음을 '연계하여 가르치는 것'이다.

2) 신체나 사물의 도움 빌리기

어떤 음은 신체나 사물의 도움을 빌려 발음부위와 방법을 교정하고 조절하는 것을 돕는다. 예를 들면 다음과 같다.

(1) 교지법(咬指法)으로 권설음(卷舌音) 가르치기

권설음 zh ch sh r은 한국어 발음에는 없기 때문에 모방하기가 어렵다. 설령 교수자가 설명을 하고 시범을 보인다고 해도 학습자는 처음에는 이 성모의 발음을 파악하기 어렵다. 이유는 이 성모를 발음하기 위해서는 혀가 말려 올라가기 때문이다.

이때는 교수가 손가락을 이용하는 교지법을 이용해 강제로 혀끝을 말아 올리는 방법을 제시할 수 있다. 먼저 집게손가락을 입에 넣어 혀의 뒷면으로 지탱한 후 치아를 이용해 가볍게 집게손가락 첫 번째 관절을 물고 발음 시범을 보인다. 후에 교수자는 학습자가 발음하는 것이 맞는지 틀리는지 듣는다. 이를 몇 번 반복하면 학습자는 점차 권설음 zh ch sh r을 편하고 정확하게 발음할 수 있게 된다.

(2) 교설법(咬舌法)으로 비음(鼻音)의 운모 가르치기

교수자가 발음시범을 보여 학습자가 비운모 an과 ang의 차이를 정확히 듣게 한다. 학습자가 an과 ang의 발음차이를 들어서는 구별할 수 있지만 정확하게 발음하지 못하는 경우, 학습자에게 혀를 앞으로 내밀어 위아래 치아 사이에 두게 한다. 혀끝을 무는 연습을 한 후 an을 발음하는 것을 시범하고, 시범하면서 학습자가 발음하는 방법을 보게끔 한다.

순서는 먼저 입을 벌려 발음하고 끝낼 때 위아래 치아로 가볍게 혀끝을 물면 an을 쉽게 발음할 수 있다. 여러 번 반복하면, 혀는 편하게 앞으로 나와 윗 치아 뒷면을 받쳐 정확한 an을 발음할 수 있게 된다.

(3) 손을 이용해 유기음과 무기음 구분하기

학습자에게 유기음 발음을 지도할 때 학습자에게 손바닥을 내밀어 입 앞쪽을 막고 유기음 발음을 연습하게 해서 공기가 뚫고 나오는 느낌이 있는지 없는지 보게 한다. 일종의 유기음을 가르치는 훈련법으로, 학습자들이 직관적으로 설명을 알아들 수 있도록 하는 교수법이다.

(4) 종이를 사용해 유기음과 무기음 구분하기

학습자에게 유기음 p t k q c ch 발음을 가르칠 때, 얇은 종이를 사용할 수도 있는데, 입 앞에 종이를 붙여 발음할 때 나오는 공기가 있으면 종이가 흔들리는데 ; 상대적으로 무기음인 b d g j z zh 는 이런 현상이 없다. 따라서 학습자가 유기음 발음의 느낌을 찾는 것을 도울 수 있다.

3) 대비법(対比法)

대비법은 중국어 수업 중 자주 사용하는 방법으로 중국어와 모국어를 대비하거나 중국어 안에서 다른 발음과 대비시키는 방법으로 나뉜다.

(1) 중국어와 학습자 모국어의 대비

중국어의 발음계통을 학습자의 모국어 발음계통과 비교하면 양자의 차이점을 쉽게 찾게 되어 수업 중 학습자의 어려운 점을 해결하는 데에 도움이 된다.

(2) 중국어 내부의 대비

중국어에는 발음부위는 비슷하지만 완전히 다른 음이 있다. 예를 들면 b-p d-t g-k 등인데 전자는 무기음이고 후자는 유기음이다. 이렇게 유기음과 무기음을 짝을 이루어 가르치면, 무기음의 발음과 유기음의 발음을 대비하여 비교적 쉽게 차이점을 인지시킬 수 있다.

또한 어떤 학습자는 비운모 an과 ang의 차이를 구분 못하는데, 이 때는 양자를 발음할 때의 입모양과 혀 위치 등을 자세히 설명함으로써 학습자가 an과 ang의 차이를 판별할 수 있게 할 수 있다.

4) 성조를 가르치는 교수법

성조는 중국어 발음수업의 어려운 점 중의 하나이다. 그러나 4개 성조의 수업순서를 적당히 조절하면 어려운 것을 쉽게 할 수 있고 학습자가 비교적 쉽게 중국어의 4성을 발음할 수 있다. 일반적으로 좋은 성조 수업순서는 1성, 2성, 3성, 4성의 순서에 따라 네 가지 성조를 말하고, 네 개의 성조를 학습자에게 정확하게 숙지하게 하는 것이다.

그러나 필자의 강의경험에 의하면 이러한 획일적인 성조 교육 순서에는 다소 문제가 있다고 보인다. 즉 1성은 5-5, 2성은 3-5, 3성은 2-1-4, 4성은 5-1로 발음한다고 5도 체계에 의하여 강의하지만, 문제는 학습자들이 개별 성조에 대해서는 비교적 정확히 발음하지만, 두 개 이상의 음절이 연속되면 혼란을 느낀다는 것이다. 예를 들어 1성을 5-5로 발음해야 하지만, 일부 학습자는 3-3으로 발음한다. 물론 개인에 따라 음고의 차이는 존재하지만, 한 학습자의 음고가 높던 낮던 간에서 1성이 발음되는 종점에서 4성이 시작되어야 한다는 점이다. 즉 만일 1성을 3-3으로 발음했다면 4성은 5-1이 아니라 3-1로 발음해야 하는 것이다.

따라서 필자는 성조 교육의 순서를 2성(3-5), 1성(5-5), 4성(5-1) 그리고 3성과 반3성으로 교육할 것을 제시한다. 이렇게 되면 2성과 1성, 4성의 시작 높이와 끝 높이가 일치하게 되어 개별 학습자의 발음 체계 안에서 성조의 시작점과 끝시점의 음고가 달라 발생하게 되는 오류는 막을 수 있다고 생각되기 때문이다.

(1) 손짓 이용하기

발음 교육을 할 때 손짓을 이용해 음높이의 변화를 나타내면 학습자가 발음해야 할 성조를 정확하게 발음하도록 유도할 수 있다. 예를 들어 1성을 발음할 때, 다섯 손가락을 모으고 손바닥이 입부분에서 밖으로 평평하게 밀어 5-5 높이를 나타내고 4성을 가르칠 때는 손바닥을 높은 곳에서 아래로 내려 5-1 높이를 나타낸다.

(2) 머리 부분 동작 이용하기

머리 부분의 자연스러운 움직임과 머리 들고 숙이기가 4개 성조와 결합하면 4개 성조 발음을 이끌어 내는 교수법으로 이용할 수도 있다. 예를 들면 시야는 똑바로 앞을 보고, 머리 부분은 왼쪽에서 오른쪽으로 평행이동하고 입은 1성을 발음하고, 머리를 조금 밑에서 위로 들고 입은 2성을 발음한다. 또 머리 부분은 먼저 아래를 향하고 턱을 점점 위로 들어 올리면서 3성 발음을 하고, 머리를 왼쪽에서 밑으로 기울여서 흔들고 입은 4성을 발음한다.

(3) 유도법으로 2성 가르치기

유도법도 학습자에게 2성 발음을 지도하는데 사용 될 수 있다. 2성은 학습자들의 성조 학습의 어려운 점 중의 하나로, 주로 올라가지 못하고 3-4 높이로 발음한다. 학습자에게 정확한 2성을 발음하게 하려면, 학습자에게 먼저 4성의 음절을 발음하고 4성을 이용해 2성을 발음하면 정확하게 2성을 발음할 수 있다. 이것은 4성을 발음할 때 성대가 이완되었다가 후에 점점 팽팽하게 변하면서 2성을 잘 발음하기 편해지기 때문이다.

(4) 과장법(夸张法)

학습자에게 발음을 설명하고 지도할 때 깊은 인상을 더하기 위해서는 적당한 방법을 사용에서 중국어의 어떤 음의 발음 특징을 돋보이게 해야 한다. 초급단계, 특히 발음단계에서 적절하게 과장법을 운용하는 것은 음과 음, 성조와 성조의 사이의 차이를 넓혀 학습자들이 중국어 발음을 이해하고 따라하는 것을 도울 수 있다. 아래에 몇 가지 방면에 대해 과장법을 진행할 수 있다.

① 과장된 제시

만약 복합운모를 가르칠 때, 결합된 발음 입모양 a o e를 크게 a o e로 쓰면, 학습자가 복합운모 중 각 원음이 복합운모 중 각 입 벌리는 정도가 다르다는 것을 한 눈에 이해할 수 있다.

② 과대한 입모양

예를 들어 a를 발음할 때 입을 크게 벌리고 과장된 입모양을 이용해 학습자에게 a의 입 벌리는 정도가 가장 큰 것을 알려야 한다.

어떤 학습자가 an발음하기를 어려워하면 학습자에게 혀를 길게 내밀게 하고 입을 크게 벌리게 해서 입가에 힘을 주어 양쪽으로 벌려서 an의 혀 위치, 입모양을 흉내낼 수 있도록 과장할 수 있다.

③ 음의 강약을 과장하기

예를 들어 복운모를 가르칠 때 음량이 큰 것을 또한 과장 할 수 있다.

　　ai, ei, ao, ou
　　ia, ie, ua, uo

④ 성조 과장

성조를 가르칠 때 5도성조(五度值声调) 기호 그 자체가 이미 이미지를 갖추고 있기 때문에, 중국어 4개 성조의 오르고 내림과 곡절에 대해 생동감 있게 묘사를 한다.

3. 발음, 어떻게 연습할 것인가

발음연습은 발음수업에서 중요한 한 요소이다 많은 양의 학습과 반복적인 연습을 통해야만 학습자가 정확한 중국어 발음을 이해할 수 있고 파악할 수 있다. 발음연습은 크게 두 가지로 나눌 수 있는데 하나는 발화연습으로, 모방 연습과 보고 읽기 연습 등을 포함한다. 또 하나는 듣기 연습으로, 듣고 분별하기, 듣고 빈칸 채우기 등을 포함한다.

1) 듣고 따라 하기 연습

학습자가 녹음 혹은 교수자의 발음을 반복하여 따라 한다. 성모, 운모, 음절, 성조 변화, 강세, 쉼, 억양 등을 듣고 따라 하기 연습을 통해 학습할 수 있다.

(1) 함께 따라 읽기

반 전체 혹은 일부 학습자들이 교수자 혹은 녹음의 발음을 함께 반복하여 따라 익는다.

예시

师 : ā   生 : ā

师 : ā, á, ǎ, à   生 : ā, á, ǎ, à

师 : 你好。   生 : 你好。

师 : 你做什么呢?   生 : 你做什么呢?

함께 읽기의 장점은 반 전체 학습자가 따라하는 적극성을 불러일으킬 수 있다는 것이다. 반 전체 학습자가 함께 읽기 때문에 혼자 읽을 때처럼 긴장감이 없고, 학습자가 귀와 입을 함께 사용해 듣고 말하기를 같이 연습함으로서 학습자의 참여율이 높아지고 학습자의 발음 연습 횟수 역시 증가 될 수 있다.

단점은 학습자에 대한 개별적인 지도가 어렵다는 점이다.

(2) 혼자 따라 일기

학습자가 개별적으로 교수자의 발음 또는 녹음된 발음을 반복하여 따라 읽는다.

이런 연습을 진행할 때는 학습자들이 모두 단독으로 연습할 기회가 주어지도록 주의해야한다. 혼자 따라 읽기의 장점은 학습자의 발음 중 부족한 점을 쉽게 발견하여 교정하기가 비교적 쉽다는 점이다. 동시에 다른 학습자도 다른 학습자가 말하는 것을 들을 수 있으므로 듣기 연습도 함께 진행할 수 있다.

단점은 내성적인 학습자의 경우 긴장하기가 쉬우니, 가급적 부드러운 분위기에서 혼자 따라 읽기를 지도해야 한다는 점이다. 특히 교수자는 설령 학습자의 발음이 틀리더라도 부드러운 얼굴표정으로 학습자들이 긴장할 필요가 없음을 나타내야 한다.

2) 읽기 연습

학습자 스스로 서면 자료를 읽는다. 중국어 읽기 연습을 할 때, 학습자가 읽기를 통하여 각 한자가 모두 하나의 음[1], 모양, 뜻의 결합체라는 것을 알게 해야 한다. 발음 단계가 끝났기 때문에, 중국어 병음만으로 읽기 연습을 할 기회는 별로 없다. 따라서 개별 한자의 한어병음을 동시에 암기하면서 읽기 연습을 할 수 있도록 지도해야 한다.

읽기 연습은 성모 구분하여 읽기, 운모 구분하여 읽기, 성조 구분하여 읽기, 다음절과 짧은 문장 읽기, 한자 읽기 등을 포함한다.

(1) 성모 구분하여 읽기

잘못 인식 하기 쉽거나 잘못 읽기 쉬운 성모 혹은 이러한 성모들이 결합된 쌍음절 단어를 배열하여, 성모를 구분하여 읽기를 연습한다. 예를 들면 유기음과 무기음, 권설음과 설면음 등을 결합하는 방법이다.

예시

bízi - pízi

dìqiú - tīqiú

yúcì - yúchí

(2) 운모 구분하여 읽기

학습자가 잘못 읽거나 잘못 알기 쉬운 운모들을 결합한 쌍음절 단

---

1) 여기서 음은 성모, 운모, 성조를 포괄한다.

어를 배열하여 운모를 구분하여 읽는 연습을 한다. 예를 들면 u와 ü, an과 ang, in과 ing 등이다.

예시

shàng - shān
rénmín - rénmíng
jǔxíng - juéxīn

(3) 성조 구분하여 읽기

성모와 운모가 같은 음절을 다른 성조로 배열하여 보고 읽기를 진행한다. 예를 들면 다음과 같다.

bā - bá
zhī - zhǐ
tóngzhì - tǒngzhì
dǒngle - dòngle

성조 구분, 운모 구분, 성조 구분 읽기의 기초 위에서 3성의 변화나 儿화, 경성음이 배합된 쌍음절 단어 읽기, 짧은 문구 읽기, 한자로 쓴 문장 읽기 등의 연습을 지속적으로 진행한다.

3) 성조 연습

(1) 4성 발음 연습

교수자가 학습자를 지도하여 제 1성부터 시작해 연속으로 제 4성까지 읽는다. 학습자로 하여금 평소 연습할 때 중국어 4성의 높낮이 변화에 익숙해지게 하고, 중국어의 기본 성조를 파악하게 한다.

이것은 학습자가 끊임없는 반복을 거쳐 중국어 4성 발음을 확실히 파악할 수 있도록 중국어 발음수업 단계에서 자주 진행되어야 하는 연습방식이다.

4성 발음 방법은 교수자의 지도하에 노래 부르는 것과 같이 제 1성부터 시작하여 연속으로 제 4성까지 발음한다.

예시

ā - á - ǎ - à
mā - má - mǎ - mà

이 연습을 시작 할 때는 간단하고 발음하기 쉬운 단운모를 먼저 사용한다.

4성 발음 연습은 다같이 읽기, 혼자 읽기 등을 번갈아가며 진행할 수 있다. 반 전체 학습자가 두 조로 나뉘어 한 조는 제 1, 2성을 발음하고, 다른 한 조는 3, 4성을 발음한 후 순서를 바꾸어 다시 발음 연습을 한다. 아니면 네 조로 나눠 제 1, 2, 3, 4성을 각각 나눠 발음하고 돌아가면서 바꿀 수도 있다.

(2) 성조 음 맞추기

성조 연습에 들어가기 전에 ā 혹은 기타 발음하기 쉬운 간단한 음절을 결합하고 음을 맞추어 학습자가 정확하게 성조를 발음하도록 지도한다.

예시

师 :		生 :	
ā	ā	ā	ā
dā	dá	dā	dá
bà	ba	bà	ba

반복적인 연습을 거친 후, 쌍음절 발음 연습을 진행한다. 이때 교수자는 학습자에게 요구한 성조를 정확히 읽을 것을 요구한다.

예시

师 :		生 :
ā	ā	jiāotōng
ā	á	yāoqiú
ā	ǎ	gāngbǐ
ā	à	jīdàn

(3) 성조 배합 연습

성조가 다른 글자를 배합하여 성조 발음을 연습한다. 음소 또는 단음절의 발음 연습만으로는 학습자로 하여금 중국어 성조를 정확히

발음하게 할 수 없다. 각종 성조가 결합된 쌍음절과 다음절 단어를
이용하여 성조 읽기 연습을 거쳐야 만 학습자의 성조 문제를 잘 해결
할 수 있다. 예를 들어 3성 변조, 경성 등 음성 현상의 대부분은 다음
절 단어 또는 말의 흐름에서 나타난다.

예를 들어 제 1성과 제 4성의 결합(예 ; jiēqià)은 제 4성을 내려오
게 하고, 제 2성과 제 1성의 결합(예 ; yíngjiē)은 제 2성의 끝높이를
제 1성의 음높이와 같도록 끌어올리는 연습을 할 수 있다. 제 4성과
제 2성의 결합(예 ; jìnchéng)은 제 2성을 낮은 기점에서 올라가게 한
다. 제 4성과 제 3성의 결합(예 ; hànyǔ)은 제 3성을 낮은 음고에서
시작하도록 하여 정확하게 발음 하게 한다.

(4) 듣고 분별하기 연습

듣고 분별하는 연습의 목적은 학습자의 성모, 운모, 성조의 분별
능력을 향상시키고 이러한 기초 위에서 발음 능력을 향상시키는 데
에 있다. 듣고 분별하기 연습은 선택하여 고르기, OX로 답하기, 빈칸
채우기 등을 포괄한다.

① 선택하여 고르기

교수자 또는 CD에서 나오는 음이 무슨 음인지 고른다. 아래의 연
습 방식을 포괄할 수 있다.

성모 구분하여 고르기

老师念	学生指辨
pa	b p
bing	b p

zhan	zh j
tong	d t
qiong	j q

운모 구분하여 고르기

교수자가 an과 ang을 칠판에 쓰고 학습자에게 an이 있는 음절을 들었다면 왼손을 들고, ang가 있는 음절을 들었다면 오른손을 들고, 들은 음절이 만약 이 두 운모를 갖고 있지 않다면 양손을 교차로 들어 없다고 표현하도록 요구한다.

예시

老师念	学生指辨
nian	举左手 왼손을 든다.
guan	举左手 왼손을 든다.
liang	举右手 오른손을 든다.
pen	双手交叉 양손을 교차로 든다.

음절 구분하여 고르기

교수자가 칠판에 음절 몇 개를 적은 다음, 그 중 하나를 발음하여 학습자에게 교수자가 발음한 그 음절을 지적하게 한다.

예시

老师念	学生指辨		
zhu	chu (　)	zhu (　)
ji	ji (　)	qi (　)

dang   dang ( )   dan ( )
gong   kong ( )   gong ( )

다음절 구분하여 고르기

다음절 구분하여 고르기는 듣고 구분하는 속도 및 정확도를 요구하므로 규정된 시간 내에 끝내야 한다. 다음절 구분하여 고르기는 다음절을 문장 안에 넣고 진행 할 수도 있으므로 학습자에게 문장 안에 쓰인 그 단어를 지적하게 한다.

예시

老师念

昨天晚上我没有好好休息。

我们晚上七点吃晚饭。

我昨天没锻炼。

学生指辨

a. xuéxí ( )
b. xiūxi ( )

a. chī wǎn fàn ( )
b. chī wán fàn ( )

a. jiàn miàn ( )
b. duànliàn ( )

성조 구분하여 고르기

교수자가 단음절 단어를 읽으면 학습자는 왼손 손가락을 이용하여 들은 성조를 표시하게 한다. 교수자가 쌍음절 단어를 읽으면 학습자는 역시 왼손 손가락을 이용하여 첫 번째 음절의 성조를 표시하게 하고, 두 번째 성조는 오른손 손가락을 이용하여 표시하게 한다.

예시

老师念	学生指辨
shì	左手伸四个手指 왼손 손가락 네 개를 펼친다.
chuáng	左手伸两个手指 왼손 손가락 두 개를 펼친다.
qiānbǐ	左手伸一个手指, 右手伸三个手指
	왼손 손가락 한 개를 펼치고 오른손 손가락 세 개를 펼친다.
qǐlaí	左手伸三个手指, 右手伸两个手指
	왼손 손가락 세 개를 펼치고 오른손 손가락 두 개를 펼친다.

(5) 선택 연습

교수자의 발음 또는 CD를 들려주고, 동시에 여러 답안을 제시한다. 그 중 답안 하나가 발음과 일치하는데 학습자로 하여금 발음과 일치하는 답안을 선택하도록 한다.

선택 연습은 각종 발음 항목의 연습에 쓸 수 있다.

예시

음절 선택하기

老师念	学生判断		
1. jiàocái	1. a jiāocài	b jiàolái	
	c jiàocái	d jiàocài	
2. zhǐdǎo	2. a zhīdao	b zhǐdǎo	
	c chídao	d zhīdāo	

3. hǎoyǔ	3. a hǎoyǔ	b hǎoyú	
	c hǎoyí	d láoyù	
4. fěnbǐ	4. a fēnbí	b fēngbì	
	c fěnbǐ	d fēnmì	

성조 선택하기

老师念	学生判断	
1. guāngmíng	1. a guāng	b guáng
	c guǎng	d guàng
2. értóng	2. a ēr	b ér
	c ěr	d èr
3. bǎoguì	3. a bāo	b báo
	c bǎo	d bào
4. jiěshì	4. a shī	b shí
	c shǐ	d shì

(6) 빈칸 채우기 연습

교수자의 발음 또는 CD를 들려주고, 동시에 답안을 보여주는데 답안에는 부분적으로 빈 곳이 있다. 학습자는 들은 발음에 근거하여 빈 부분을 보충한다.

이러한 연습 방식은 초급 단계의 성모, 운모, 성조, 음절과 단어 채우기에 적합하다. 교수자는 CD를 들려주고, 학습자는 연습장의 빈칸을 채운다.

예시

성모 채워 넣기

老师	学生
zázhì	_ á _ ì
zhēnchéng	_ ēn _ éng
gǎnxiè	_ ǎn _ iè

운모 채워 넣기

老师	学生
hépíng	h _ p _
yìnxiàng	y _ x _
shēngqì	sh _ q

성조 채워 넣기

老师	学生
tóngzhì	tongzhi
fēijī	feiji
huǒchē	huoche

음절 채워 넣기

老师	学生
yīyuàn	yī _
lǚxíng	_ xíng
Tā jiào shénme míngzi?	Tā jiào shénme _ ?
Tā jiào Liú Huān。	Tā jiào _ 。

(7) 받아쓰기

학습자가 교수자 또는 CD의 발음을 듣고 들은 내용을 적는다. 받아쓰기는 학습자의 성모, 운모, 성조와 음절, 문장을 판별하는 능력을 확인 할 수 있으며 동시에 중국어 병음 표기 규칙에 익숙해 질 수 있다.

아래와 같은 다양한 방식으로 받아쓰기 연습을 할 수 있다.

- 성모 듣고 성모 쓰기
- 음절 듣고 성모 쓰기
- 음절 듣고 운모 쓰기
- 음절 듣고 성조 부호 쓰기
- 음절 듣고 음절 쓰기
- 문장 받아쓰기
- 병음 듣고 한자 쓰기

(8) 읽고 쓰기 연습

읽고 쓰기 연습은 학습자가 혼자 진행하는 서면 연습이다. 한자에 근거하여 병음을 쓰는 것과 병음을 근거로 하여 한자로 쓰는 것 등을 포괄한다.

① 병음에 근거하여 한자 쓰기

이 연습은 미리 준비한 PPT나 쪽지 등을 이용하여 진행한다. 이때 주의할 점은 병음을 쓸 한자가 이미 학습한 것이어야 한다.

② 한자에 근거하여 병음 쓰기

배운 한자를 카드로 만들거나 PPT로 제시하여 학습자에게 병음을 달게 한다. 목적은 학습자로 하여금 한자의 음과 뜻을 되도록 빨리 파악하게 하여, 앞으로의 학습을 위해 기초를 다지는 것이다.

4. 발음, 어떻게 교정할 것인가

발음학습 단계에서 학습자는 많은 실수를 범할 수 있다. 학습자에게 정확한 발음을 파악하게 하기 위해 학습자의 발음 실수를 교정하는 것은 발음 교육 중 아주 중요한 단계이다.

발음교정을 할 때는 특별히 방법에 주의해야 하는 데, 왜냐하면 정확한 발음교정 방법은 적은 노력으로 큰 성과를 얻을 수 있으나 부정확하고 부적절한 방법은 효과가 나타나기 어려울 뿐만 아니라 학습자의 학습 의욕을 저하 시킬 수 있기 때문이다.

발음교정의 교수법 역시 대체로 앞에서 언급한 내용들이지만 몇가지 보충하여 소개하면 다음과 같다.

1) 엄격히 요구할 것

발음 단계에서 학습자의 발음 실수에 대해 꼼꼼히 살펴봐야 한다. 실수를 발견하면 반드시 학습자가 정확한 발음을 해낼 때 까지 교정해 주어야 한다. 교수자의 귀가 예민해야하고 "옳고 그름"을 구별할 줄 알아야하며, 동시에 교수자의 태도 역시 매우 진지해야한다.

2) 교정 중점을 둘 것

학습자의 보편적인 어려움과 각 학습자의 특수한 상황을 파악하여 문제점에 맞추어 해결책을 마련하고, 비교적 집중적으로 교정하여 학습자가 어려워하는 발음에 많은 공을 들여야 한다.

3) 가능한 한 학습자 스스로 교정하게 할 것

학습자의 착오를 발견하면 먼저 학습자를 일깨워 주어도 되고, 아니면 손짓, 몸짓, 도표, 판서 등을 이용하여 학습자를 일깨워 주어도 된다. 학습자 스스로 바로 교정할 수 없을 때는 교수자가 다시 교정해준다.

4) 따라 읽고 반복할 것을 권장할 것

학습자가 잘못 발음한 것을 스스로 교정하지 못할 때, 교수자는 적당한 방법을 사용하여 학습자로 하여금 틀린 곳을 알게 하고, 학습자에게 다시 반복하게 하여야 한다. 여기서 주의할 점은 학습자가 틀린 발음을 반복하지 않도록 지도해야 하는 점이다. 또한 소극적인 학습자의 경우에는 격려하고 용기를 주어서 크게 읽도록 기회를 주어야 하며, 발음을 어려워하는 학습자에게는 교수자가 여러 차례 시범을 보여주어서 학습자가 반복하여 따라하도록 하게 해야 한다.

5) 반복적으로 교정할 것

중점적으로 틀린 부분은 다른 시간과 장소에서 여러 번 반복적으로 교정해야 한다. 만약 수업 마치기 전 학습자로 하여금 그 자리에서 발견한 어려운 발음, 어려운 성조를 정확하게 해냄에 도달 하도록 순서대로 반복하게 한다면 학습자에게 수업 마친 후 일정 시간동안 "메아리"를 남길 수 있어 효과가 더욱 좋다.

제2장 한자 교수법

앞서 들어가는 말에서도 언급했듯이 중국어 교육현장에서 한자에 대한 교육은 전무한 실정이다. 기본적인 성모와 운모, 성조를 학습하면 바로 간단한 문형 연습으로 들어가기 때문이다. 따라서 한자에 대한 학습은 고스란히 학습자의 몫이 된다. 필자의 경우, 중국어 학습에 있어서 한자로 인해 어려움을 호소하는 학습자를 많이 목도했다. 이 학습자들은 중·고교 학습시 한자에 대한 학습이 매우 초보적으로 이루어졌으며, 특히 중국어 시간에 접하게 되는 간체자에 대해서 매우 큰 어려움을 호소한다. 다행히 문자학 교과목이 개설되는 학과에서는 한자의 특성과 변천과정 등 한자에 대한 기본적인 교육이 별도로 이루어지지만, 그렇지 않은 학과에서는 중국어 교과목 시간에 별도로 시간을 내어 한자에 대한 교육을 하기가 매우 어려운 실정이다.

하지만 앞서 언급한 것처럼 많은 중국어 학습자들은 한자 학습에 어려움을 호소하고 있으며, 한자의 조자원리나 변천과정 등에 대한 초보적인 지식이 없는 상태에서 말 그대로 글자 하나하나를 그림으로 인식하고 무조건 암기하는 식으로 한자학습을 진행한다. 이렇다 보니 한자를 쓰는 것이 아니라 그리는 단계로까지 한자 수학능력이 떨어지게 마련이고, 한자 때문에 중국어 학습을 아예 포기하는 학습자까지 나오게 된다.

본 장에서는 중국어 학습자가 기본적으로 알아야 하는 한자의 특성에 대해서 소개함으로써 중국어 학습자에게 한자가 결코 골치 아픈 것이 아니라는 인식을 심어 줄 수 있도록 하고자 한다. 이를 위하여 우선 중국 언어의 특징에 대해서 간략히 설명하고, 이후 문자, 즉 한자의 특성에 대해서 소개하고자 한다.

1. 중국 언어의 특징

사유의 구조는 사유주체가 사용하는 언어의 특성과 밀접한 관계가 있으며, 언어의 구조는 그 언어의 사용주체가 공유하는 사유방식의 특성과 밀접한 관계를 지닌다. 또한 문자는 언어를 기록하는 수단이므로, 인간의 사유는 문자를 기초로 이루어지며, 문자는 다시 인간의 사유를 통하여 다듬어지고 인간의 삶을 통해 변화한다고도 할 수 있다. 이러한 측면에서 본다면 한자는 중국 언어의 특징을 담지하고 있다고 할 수 있다. 이에 아래에서는 중국 언어의 특징에 대해서 간략히 소개하고자 한다.

1) 중국어의 명칭

일반적으로 우리는 '중국어'라고 얘기하지만, 사실 이러한 명칭은 일본 사람들에 의하여 만들어진 것이다. 중국인들은 그들의 언어를 '중국화(中國話)', '보통화(普通話)'라고 불러왔고, 요즘은 '한어(漢語)'라고 부른다.

2) 중국언어의 특징

다음에서 중국언어의 일반적인 몇 가지 특징에 대해서 살펴보기로
하자.

(1) 고립어(Isolating Language)

고립어란 간단히 정의하면, 성(姓), 수(數), 격(格), 시제(tense)에
따른 낱말의 형태 변화가 없는 언어를 지칭한다. 즉 굴절어에 속하는
영어나 교착어에 속하는 한국어의 경우에는 낱말의 형태변화가 매우
다양하게 일어나지만, 고립어인 중국어의 경우는 낱말의 형태 변화
가 결코 일어나지 않는다. 영어를 예로 들면 다음과 같다.

　I see him.→ He saw me.

영어의 1인칭 I의 경우, 주격으로 쓰이면 I로 쓰지만, 목적어의 자
리에 오면 목적격으로 바뀌어 me가 된다. see라는 동사는 과거 시제
에서는 saw라는 형태로 변화한다.

그러나 중국어는 그렇지 않다. 즉

　我看他.　→ 他看了我.

주격이던 목적격이던 我와 他의 형태에는 변화가 없고, 과거 시제
로 바뀌었어도 '보다'라는 의미의 동사 '看'의 형태에는 변화가 없다.
이러한 언어를 고립어라고 하며, 대표적인 고립어는 바로 중국어

이다.중국어가 고립어가 된 연원은 문자에서 찾을 수 있다. 즉 중국인들은 처음 문자를 만들 때 언어의 발음을 표기하는 음성부호를 문자로 삼은 것이 아니라, 언어의 의미를 나타내는 형상을 취하여 문자로 삼았다. 따라서 각각의 문자들은 완정한 의미를 지님과 동시에 한 음절로 표기되는 음절문자였다. 이에 따라 문자의 형태를 변화하는 것은 불가능했던 것이다.

(2) 성조 언어(Tone Language)

세계의 언어는 성조의 유무에 따라 성조 언어와 비성조 언어로 나뉘어진다. 비성조 언어에서 음높이의 변화는 어조의 변화만을 나타낼 뿐, 의미를 변별하는 작용을 하지 않는다. 예를 들어, 영어 book〈buk〉의 음절은 발화 환경에 따라 음높이가 점차 하강하기도 하고 점차 상승하기도 하는데, 하강하면 서술형 어조가 되고, 상승하면 의문형 어조로 바뀐다. 그러나 어떤 경우에도 '책'이라는 의미는 전혀 변화하지 않는다. 그러나 중국어의 경우는 이와는 다르다. 예를 들어 'shū'라고 평평하게 읽으면 '책(書)'이란 의미이지만, 음높이를 점차 올려가면서 'shú'라고 읽거나, 음높이를 점차 낮아지게 'shǔ'라고 읽으면 전혀 다른 의미가 된다. 이처럼 중국어의 특징 중 하나는 성조가 있다는 점이며, 성조는 성모, 운모와 마찬가지로 의미를 변별하는 기능을 한다. 현대 중국어에는 1, 2, 3, 4성의 기본 성조와 경성(輕聲), 반삼성(半三聲) 등이 있다.

(3) 단음절어(mono-syllabic Language)

중국어는 단음절어이다. 단음절어란 하나의 음절이 의미를 지닌 최소의 음운단위인 것을 말한다. 즉 한 음절로 된 하나의 문자가 하나의 독립된 의미를 지닐 때, 이러한 언어를 단음절어라고 한다. 고대 한어의 경우에는 대부분의 낱말들이 한 음절로 된 한글자짜리 단음절어였다. 그러나 현대 한어의 경우에는 두 개 이상의 글자가 결합된 합성어(Affixation)의 비율이 약 90%를 차지한다.

(4) 어순(word order)

중국어 어순은 영어와 같이 주어, 동사, 목적어(S+V+O)의 순서이다. 한국어가 주어, 목적어, 동사인 것(S+O+V)과는 다르기 때문에, 한국인 중국어 학습자들은 중국어 공부를 하면서 어려움을 느끼곤 한다.

중국어 어순은 영어와 유사하지만, 고립어라는 특징으로 인하여 어순이 바뀌면 문장의 의미가 바뀌는 특징을 지닌다. 예를 들어 '我愛你'라는 문장에서 주어와 목적어의 위치를 달리하여 '你愛我'라고 하면, "나는 너를 사랑해"라는 문장이 "당신은 나를 사랑해'라는 문장으로 바뀐다. 이는 중국어에 구조조사를 제외한 나머지 주격, 목적격 등의 조사가 없기 때문이다. 따라서 중국어에서는 문장의 어순이 문장의 의미를 결정지어주는 역할을 한다.

(5) 방언(Dialect Language)

중국을 여행하다 보면, 각 지역별로 다양한 방언이 현재도 쓰이고 있음을 알 수 있고, 바로 이 점 때문에 의사소통에 문제를 겪기도 한다. 현재 중국어의 방언은 관화(官話), 오(吳), 상(湘), 공(贛), 객가(客家), 월(粤), 민(閩) 방언으로 크게 7가지로 구분하는 것이 일반적이다.

이처럼 다양한 방언이 사용되어 왔지만, 중국은 한자(漢字)를 통하여 상호간의 의사소통을 해왔다. 물론 각 지역의 방언을 한자로 그대로 옮겨 적었을 때, 의사소통이 100% 가능하다는 것은 아니다. 즉 오늘날의 상해말을 한자로 그대로 적는다고 해서, 북경 사람들이 그 문장을 정확하게 읽어낼 수 있는 것은 아니다. 다만, 경학(經學)을 중시해온 중국인들은 입말과 다른 글말을 암기했고, 글말을 쓰는 문형만큼은 방언의 차이와는 무관하게 항상 일관된 질서를 유지하여 왔기 때문에, 어느 정도 배운 사람들의 경우에는, 각지의 방언과는 무관하게, 글말의 문형으로써 문장을 써왔다. 따라서 한자를 통하여 의사소통이 가능했다고 말할 수 있는 것이다.

2. 중국 문자의 특징

한자는 누가, 언제, 어떻게 만들었으며, 처음의 한자와 요즘의 한자는 어떻게 다른가. 우리는 한자를 많이 사용하면서도, 한자에 대한 기본적인 지식마저 부족한 경우가 많다. 다음에서는 한자와 관련된 몇 가지 특징에 대해서 살펴보기로 하자.

1) 한자는 누가 만들었을까

처음 누가 한자를 만들었을까. 춘추시
대(春秋時代)의 학자들은 이 문제를 해
결하기 위하여 창힐(倉頡)이란 인물을
만들어냈다.('창힐작서설(倉詰作書說)').
문헌에 등장하는 창힐(倉頡)의 지위 역
시 시간이 갈수록 승격된다. 즉 상고(上
古)시대의 한 사람, 황제(黃帝)의 사관
(史官), 심지어 창힐(倉頡)이 황제라는
주장까지 나오게 된다. 또한 창힐(倉頡)

창힐(倉頡)

이 처음 한자를 만들어낸 방법 역시 '어려서부터 알고 있었다'. '태어
날 때 이미 알고 있었다' 등으로 확대되면서 창힐(倉頡)의 가치를 높
였다. 심지어 상형문자라는 한자 형태의 특징을 참고하여, 창힐이 날
아가는 새와 들짐승의 발자국 등을 보고 한자를 만들어냈다는 주장
도 나오게 되었고, 이러한 주장은 결국 창힐(倉頡)에게 우리와 같은
범인들이 보지 못하는 것까지 볼 수 있도록 두 개의 눈을 더 달아주
게 되었다.

그러나 한자는 한 개인에 의해서 단기간에 만들어졌을 가능성이
없고, 또한 창힐(倉頡)이 실존했다는 명확한 증거자료도 없기 때문에
기 춘추시대 학자들의 이러한 주장은 사실로 받아들이기 어렵다. 다
만, 창힐이 어려서 한자를 좋아했고, 평생 한자와 관련된 일을 하였다
는 순자(荀子)의 언급은 참고할 만하다.

2) 한자의 변천

(1) 도자기에 새겨진 문자 - 도문(陶文)

도기(陶器)의 주둥이에 한 글자씩 새겨져 있다.   반파(半坡)에서 발견된 22종의 도문(陶文)

한동안 최초의 한자는 갑골문(甲骨文)으로 인정하여 왔다. 그러나 최근 섬서성(陝西省) 반파(半坡) 등을 중심으로 앙소문화(仰韶文化) 시기의 도문(陶文)이 발견되면서, 한자의 역사는 수천년 소급될 가능성이 있다.

위의 그림은 반파(半坡)에서 출토된 도자기의 파편들이다. 이를 복원하면 그릇의 주둥이 부분에 한 글자씩 문자가 새겨진 것임을 알 수 있는데, 도자기에 새겨진 문자라는 뜻에서 이를 '도문(陶文)'이라고 부른다. 다만, 도문(陶文)을 문자로 인정할 것인가에 대해서는 학자들마다 이견이 있기 때문에, 아직까지는 최초의 한자라고 단정할 수는 없지만, 보다 많은 도문(陶文)이 발견되고, 이에 대한 연구가 진행된다면, 도문(陶文)이 최초의 한자가 될 가능성을 배제할 수는 없다.

(2) 거북의 배딱지에 새겨진 갑골문(甲骨文)

지금으로부터 약 3,500~3,800년 전의 상(商)나라 사람들은 국가의 중대사나 왕(王)의 일상에 대해서 점을 쳤다. 즉 전쟁, 사냥, 제사, 상왕(商王)의 혼례(婚禮), 왕후(王后)의 출산(出産) 등을 앞두고 그들은 손질된 짐승의 뼈에 찬(鑽)과 착(鑿)이라는 홈을 파고, 그 뒷면을 불로 지져 갈라지는 홈의 모양새에 따라 길흉을 판단했다. 아래 그림 중의 검게 그을린 흔적들이 바로 점을 친 자국들이다.

그들은 점을 친 후, 점을 친 날짜, 정인(貞人)의 이름, 점 친 내용, 점 친 결과를 가장 자리 혹은 뒷면에 새겨 두었는데, 바로 이렇게 새겨진 문자를 우리는 '갑골문(甲骨文)'이라고 부르며, 바로 이 갑골문(甲骨文)이 현존 최고(最古)의 한자이다.

거북의 배딱지(龜甲)

소의 어깨뼈(肩胛骨)

■ 갑골문자의 발견

1899년, 북경의 국자감(國子監) 재주였던 왕의영(王懿榮)은 달인당(達仁堂)에서 지어온 자신의 약재 속에서 문자를 발견한다. '용골(龍

骨)'이라 불리던 이 짐승의 뼈 조각에는 무언가 문자 비슷한 것이 새겨져 있었는데, 일반인들의 눈에 뜨이지 않던 이 문자들은 금석학(金石學)에 조예가 깊었던 왕의영의 눈에 뜨인 것이다.

이후 '용골'이었던 이 약재는 중국 최초의 문자로 새로 태어나게 된다.

발견 초기에는 은(殷)나라의 문자이므로 은상(殷商) 문자, 점을 칠 때 사용된 문자이므로 정복(貞卜)문자, 혹은 은허서계(殷虛書契) 등의 명칭으로 불리었으나, 점을 칠 때 가장 많이 사용된 재료가 거북의 배딱지(귀갑(龜甲))와 짐승의 뼈(수골(獸骨))였기 때문에 귀갑수골(龜甲獸骨)문자로 불리게 되었고, 이후 줄여서 '갑골(甲骨)'문자가 되었다.

지금까지 발견된 갑골 조각의 수는 약 10만 조각에서 15만 조각에 이르러, 여기에 새겨진 한자의 자종(字種) 수는 약 5천자 정도이다. 이 중 자음(字音)과 자의(字義)가 모두 명확하게 고석된 것이 약 천자, 자음(字音)은 불명확하지만 편방의 구조와 자의의 추정이 가능한 것이 약 800자 이다. 대부분의 갑골(甲骨)은 반경(盤庚)이란 왕이 商나라의 도읍을 은(殷)으로 옮긴 이후, 주(周)나라에 의하여 멸망할 때까지의 273년간 만들어진 것이다.

갑골문은 최초의 한자라는 점에서도 큰 의의가 있지만, 상(商)나라 사람들의 사유의 방식과 일상의 모습을 반영하고 있다는 점에서 중국 고대문화사 연구에서 차지하는 비중 역시 매우 높다.

(3) 청동기에 주조된 금문(金文)

고대 중국인들에게 청동기(靑銅器)의 발명은 핵폭탄의 발명에 버

금가는 대단한 것이었다. 새로운 청동기 무기를 든 종족은 마제석기 (磨製石器)를 들고 투항하는 방국(方國)과 싸워 자신들의 역량을 확대해 갔다. 그들에게 청동기(靑銅器)는 권위를 상징하는 것이었다.

주(周)나라 사람들은 이러한 청동기(靑銅器)의 내부에 문자를 새겨 넣었다.

 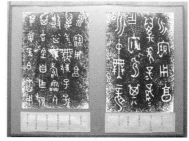

갑골문(甲骨文)에서 금문(金文)으로의 변화는 단순히 서사(書寫) 재료가 짐승의 뼈에서 청동기로 바뀌었다는 것 외에도 한자의 발전에 많은 영향을 끼쳤다.

(4) 진시황의 한자 통일
- 대전(大篆)과 소전(小篆)

주(周)나라 천자(天子)의 권위가 떨어지면서, 각 제후국들은 주(周)나라의 문물 대신 고유의 것을 만들고 싶어 했다. 이에 기존에 동일했던 화폐, 도량형, 수레의 궤폭 등이 달라지게 되었고, 문자 역시 조금씩

대전(大篆)

달라졌다. 진시황(秦始皇)은 전국을 통일한 뒤에, 통일 전에 자신들이 사용해 왔던 대전(大篆)을 조금 개량한 소전(小篆)을 만들고, 이를 전국의 공용문자로 선포하였다. 중국 최초의 문자 개혁이다.

간과할 수 없는 사실은, 대전(大篆)은 주(周)나라의 금문(金文)과 크게 다르지 않았다는 점이다. 즉 동방의 육국(六國)이 조금씩 다른 문자인 고문(古文)을 만들어 사용할 때, 진(秦)나라 만큼은 주(周)나라의 문자를 거의 그대로 쓰고 있었다. 진시황(秦始皇)은 전국 통일 후, 당연히 자신들의 문자인 대전(大篆)을 토대로 소전(小篆)을 만들었고, 이를 가지고 전국의 문자를 통일한 것이다. 만일 진(秦)나라가 아닌 동방의 여섯 나라 중 한 나라가 전국을 통일하고, 그들의 문자를 가지고 전국의 문자를 통일했다면, 오늘날 갑골문, 금문으로 이어지는 한자의 역사에 다소간의 공백이 생겼을 가능성도 전혀 배제할 수는 없다. 바로 이 점이 진시황(秦始皇)이 한자에 미친 영향이다.

(5) 하급관리들의 실용적인 문자, 예서(隸書)

진시황(秦始皇)에 의하여 전국의 문자는 소전(小篆)으로 통일되었으나, 당시 매우 바쁜 하루를 보내던 하급 관리들에게 소전(小篆)은 불편하기 짝이 없었다. 왜냐하면 소전(小篆)은 구불구불 이어지는 필획으로 인해, 글자를 쓰기도 어려웠을 뿐만 아니라, 잘못 읽는 경우도 많았기 때문이다. 이로 인해 딱딱 끊어써서 알아보기 쉬운 새로운 문자가 탄생하게 된다.

이 새로운 문자를 '예서(隸書)'라고 부르는데, 이 명칭에는 예서(隸書)에 대한 경시(輕視)가 반영되어 있다. 즉 '예(隸)'란 '노예'를 지칭하는 것으로, 당시 옥리(獄吏)처럼 신분이 낮은 계층에서 또박또박 끊어

쓰는 예서(隷書)를 쓰고, 높은 신분의
사람들은 여전히 소전(小篆)을 썼기
때문에 붙여진 명칭이다.

우리가 요즘 '국(國)'자는 11획이다
라고 말할 때, 획(劃)이란, 한번 붓을
종이에 댓다가 떼어내는 횟수를 의미
한다. 바로 이러한 획(劃)의 개념이 처
음 적용된 것이 예서(隷書)이며, 이에
우리는 한자를 고문자와 금문자로 구
분할 때, 금문자의 시작을 예서(隷書)
부터로 삼는다.

李坤榮 / 杜甫閑詩 90×200
LEE GON-SOON / Too Yun Myung's Poem

(6) 휘갈겨 쓴 초서(草書)

구불구불 이어지던 소전(小篆)의
필획을 딱딱 끊어썼던 예서(隷書)는
알아보기 쉬웠던 반면에 쓰기가 불
편했다. 왜냐하면 당시의 서사(書
寫) 도구가 오늘날의 볼펜 같은 것
이었다면, 쓰기 편했겠지만, 붓으로
종이에 글자를 써야했기 때문에, 딱
딱 끊어써서 필획의 양끝이 뭉툭했
던 예서(隷書)는 글자를 빨리 쓰기
에는 불편함이 있었다. 이에 중국인
들은 딱딱한 예서(隷書)를 빠른 속

도로 휘갈겨 쓰는 새로운 서체(書體), 초서(草書)를 만들어냈다.

그러나 초서(草書)는 빨리 쓴다는 장점이 있었던 반면, 글자를 알아보기 힘들다는 단점을 지니게 되었다. 즉 초서(草書)는 장초(章草) - 금초(今草) - 광초(狂草)의 단계로 발전하면서, 글자의 일부를 생략하거나, 윤곽만을 휘갈겨 쓰게 되었고, 이에 쓴 사람조차 잘 알아보기 어려울 정도로 변화된 것이다. 따라서 이 때부터 초서(草書)는 언어를 기록하는 문자로서의 역할 외에 심미적인 만족감을 충족시키는 예술의 장르로 발전하게 되었다. 서예(書藝)의 시작인 것이다.

(7) 가장 모범적인 해서(楷書)

예서(隷書)의 알아보기 쉽다는 장점과 초서(草書)의 빨리 쓸 수 있다는 장점을 결합하여 탄생한 서체(書體)가 바로 해서(楷書)이다. 해서(楷書)는 위진남북조(魏晋南北朝) 시기에 서서히 등장하다가 당대(唐代)부터는 한자(漢字)의 가장 전형적이고 모범적인 서체(書體)가 되었다. 오늘날 우리가 사용하는 한자(漢字)는 해서(楷書)에 해당된다.

(8) 해서(楷書)의 필기체, 행서(行書)

초서(草書)의 서법(書法)이 유행하고 있던 시기, 새로운 해서(楷書)의 등장은 초서(草書)의 전통을 쉽게 받아들였다. 즉 해서를 초서의

서법(書法)으로 쓴 행서(行書)가 등
장한 것이다. 그러나 행서(行書)는
초서(草書)와는 달리 해서(楷書)를
빨리 휘갈겨 썼음에도 필획을 생략
하지는 않기 때문에, 초서(草書)처
럼 알아보기 힘들지는 않았다. 오늘
날 해서(楷書)를 만일 손으로 쓴다
면, 넓은 의미에서 행서(行書)라고
할 수도 있다. 따라서 행서(行書)는
해서(楷書)의 보조 서체(書體)로써
오늘날까지 즐겨 사용되고 있다.

(9) 인민을 위한 간체자(簡體字)

1949년, 모택동(毛澤東)은 새로운 중국(新中國)을 건국하였다. 그
러나 그에게 남겨진 것은 가난하고 헐벗고 무식한 노동자, 농민, 부녀
자였다. 보다 큰 문제는 그들 대부분이 문맹(文盲)이었다는 점이다.

모택동(毛澤東)은 한자 학습의
어려움이 첫째, 한자의 모양이
너무 복잡하다. 둘째, 외워야 할
한자가 너무 많다, 셋째, 각 지
역마다 방언(方言) 음(音)의 차
이가 커서 동일한 글자임에도
발음이 서로 상이하다라는 것을
알고, 바로 한자개혁을 시작한

다. 진시황(秦始皇) 이후 두 번째 한자 개혁인 셈이다.

우선, 한자간화(漢字簡化) 통하여 복잡한 한자의 필획을 간단하게
변형시킨 간체자(簡體字)를 만들었다. 물론 수 만자에 이르는 모든
한자의 모양을 간화(簡化)한 것은 아니었고, 2,253자에 대해서 간화
(簡化)를 진행하였다. 둘째, 잘 쓰지 않는 벽자(僻字), 고자(古字)를
없애고, 동일한 글자임에도 모양만 조금씩 다른 이체자(異體字)들을
폐기함으로써, 외워야 할 한자의 수를 대폭 줄였다. 셋째, 영문 자모
를 가지고 한자의 발음을 병기해 주는 한어병음(漢語拼音)을 채택하
여 한자의 발음을 통일하였다.

3) 한자의 조자방법

고대 중국인들이 바라보는 세계는 어떠한 모양이었을까. 그들은
외부세계를 어떠한 방식으로 인지하고, 해석하였을까. 그들에게 세
상만물은 어떠한 의미였을까.

이러한 문제를 해결하는 데에는 고대 중국인들이 만들어 사용해온
초기 한자가 큰 도움이 될 수 있다. 왜냐하면, 한자는 처음 만들어질
때 언어의 의미가 담지하고 있는 형상을 취하여 문자로 만들어졌기
때문이다.

다음에서는 한자를 만드는 여섯 가지 기본 방식에 대해서 간략히
살펴보기로 한다.

(1) 사물의 형체를 따라 구불구불 그린 문자 - 상형(象形)

고대 중국인은 세상에 펼쳐진 '나무'들을 보고, '나무'라는 이미지를 머리 속에 담지하기 시작하였다. 이후 그들은 그 '나무'라는 것을 '나무'라는 언어를 통해서 구체화한다. 점차 문명화되면서 그들은 '나무'라는 언어를 기록해야할 매체, 즉 문자를 필요로 했고, 결국 객관적으로 존재하는 '나무'의 모양을 간략 히 형상화하여 '나무'라는 뜻의 '木'자를 만들어냈다. 이러한 방식 이 바로 '상형(象形)'이다.

(2) 추상적인 개념을 위한 부호 문자 - 지사(指事)

객관적으로 존재하는 사물은 그 사물의 형상을 그려 문자로 표현 하였지만, 개념은 있지만 본뜰 대상이 없는 것들은 상형(象形)의 방 법으로 문자를 만들 수 없었다. 이에 고대 중국인은 추상적인 부호를 만들어냈다. 예를 들어, '위 / 아래 '라는 개념을 표현하기 위하여 그 들은 기준선인 횡선을 긋고, 횡선의 위 와 아래에 점이나 짧은 횡선을 그려 넣 음으로써, '위'와 '아래'라는 의미를 글 자로 표현하였다. 이러한 방식을 지사 (指事)라고 한다.

上　　　　下

(3) 상형과 지사의 결합

고대 중국인들의 위의 두 방법을 결합하여 보다 쉽고 빨리 새로운

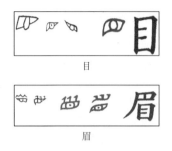

目

眉

문자를 만들어낼 수 있게 되었다. 예를 들어 사람의 '눈'의 모양을 본떠 '목(目)'자를 만들어 낸 뒤, '눈'의 형상에 '눈썹'을 의미하는 짧은 곡선들을 추가함으로써, '눈썹'이라는 의미를 나타내는 새로운 글자를 만들어냈다.

이러한 방법으로 새로운 한자를 만들기 시작하면서, 유사한 의미들을 보다 명확하게 분석하여 인식하게 되었고, 한자의 자의(字義) 역시 보다 세분화되고 구체화되는 경향을 보이게 되었다.

(4) 의미와 의미의 결합 - 회의(會意)

好

保

이미 사용 중인 상형자(象形字)에 추상적인 부호를 더하여 새로운 글자를 만들어내는 것은 한자 조자법(造字法)에 일종의 혁신이었다고 할 수 있다. 결국 이 방법은 기존 독체자(獨體字)들을 2개 이상 결합하여 새로운 글자를 만드는 회의(會意)로 발전하게 되었다. 회의(會意)란 두 개 이상의 글자를 결합하여 새로운 의미를 나타내는 글자를 만드는 방법이다.

갑골문(甲骨文) 시기에는 아직 글자의 모양이 정형화되지 않았기 때문에, 갑골 조각마다 동일 글자의 모양이 조금씩 다를 수 있었다. 예를 들어 위의 그림에서 호(好)자의 갑골문은 와 등 다양하게 나타난다. 그러나 회의(會意)의 방법으로 글자를 조자할 경우, 결합되는 두 글자의 의미상의 연관관계는 반드시 고려되어야 한다. 즉 여성이 아이를 앞에 안고 있어야 '좋아하다'는 의미를 나타낼 수 있기 때문에, '호(好)'자의 갑골문은 반드시 '여(女)'자의 앞 쪽에 '자(子)'자가 놓인다. 가로 세로 1cm, 엄지 손톱만한 공간에 새겨진 3,500년 전의 갑골문(甲骨文)이지만, 이처럼 과학적인 시스템이 내재되어 있다는 점은 세인(世人)들을 놀라게 하기에 충분하다.

(5) 소리와 의미의 결합 - 형성(形聲)

사유체계가 보다 발전되고 문물이 발달하면서, 고대 중국인들에게는 예전에 없던 새로운 말들이 많이 만들어졌고, 이에 따라 새로운 문자도 보다 많이 필요하게 되었다. 그러나 기존의 상형, 지사, 회의 등의 방법으로는 빠른 속도로 증가하는 언어를 모두 기록하기 어려웠다. 이에 고대 중국인들은 표의문자인 한자에 표음성분을 추가하는 형성(形聲)의 방법을 고안하게 되었다. 형성이란, 글자의 의미를 나타내는 형부(形符)와 글자의 독음을 나타내는 성부(聲符)가 결합하여 만들어진 글자로, 한자 조자법(造字法)에 일종의 혁신이라고 할 수 있다. 예를 들어, 처음 고대 중국인들은 하늘에서 내리는 모든 것을 '우(雨)'라고 여기고 yǔ라고 불렀다. 그러나 점차 서리, 구름, 안개 등의 자연현상은 '비'와는 다르다는 것을 인지하게 되었고, 이에 이들을 부르는 새로운 말, shuāng, yún, wù 등이 생겨났다. 문제는 이들 말을 기록할 만한 새로운 한자를 만들어내야 한다는 점인데, 이들을 구분하여 기록하기란 쉽지 않았다. 이에 고대 중국인들은 '서리'라는 뜻의 'shuāng'이란 언어를 기록하기 위하여 우선 '서리'가 하늘에서 내린다고 생각하여 '雨'자를 취하고, 기존의 글자 중에서 shuāng과 발음이 비슷한 '相'자를 취하여 '霜'자를 만들었다.

　형성(形聲)의 방법으로 한자를 만들기 시작하면서 고대 중국인들은 보다 쉽고 편리하게 새로운 한자를 만들어내게 되었고, 이에 한자의 수는 빠른 속도로 증가하였다.

　갑골문 중에도 이미 형성자(形聲字)가 보이며, 동한(東漢)때 편찬된 중국 최초의 자전(字典)『설문해자(說文解字)』에도 표제자(標題字)의 약 80%가 형성자(形聲字)이다.

(6) 글자를 운용하는 방법 - 전주(轉注)와 가차(假借)

　육서(六書)라는 명칭은 이미 주대(周代)에 보이지만, 구체적으로 무엇을 말하는 것인가에 대해서는 명확하지 않았다. 이후 동한(東漢)때 허신(許愼)은 육서(六書)의 여섯 항목에 대한 설명을 비교적 구체적으로 하였고, 육서(六書)는 한자를 만드는 가장 기본적인 방법(造字之本)으로 여겨져 왔다. 그러나 宋代에 이르러 정초(鄭樵)는 전통적인 육서설(六書說)에 반기를 들고 육서(六書) 중의 전주(轉注)와 가차(假借)는 조자법(造字法)이 아니라 용자법(用字法)이라는 새로운 주장을 제기하였다. 즉 새로운 글자가 만들어지면 조자법(造字法)이지만, 그렇지 않다면 조자법(造字法)으로 볼 수 없다는 것이다. 예를 들어 설명해 보자

　좌측의 갑골문은 나뭇가지와 도끼의 형상이 결합되어 만들어진 글자로, 오늘날의 신(新)이다. 그러나 본래의 의미는 오늘날처럼 '새롭다'가 아니라 '땔감, 땔나무'였다. 이후 고대 중국인들은 '새롭다'라는 추상적 관념을 알아냈고, 이에 이를 기록할 새로운 문자가 필요하였

다. 그러나 이를 문자로 만들어
내기는 그리 쉬운 일이 아니었
을 것이다. 따라서 그들은 새로
운 글자를 만드는 대신, 기존의
글자 중에서 발음이 같은 '신
(新)'자를 빌려서 '새롭다'라는

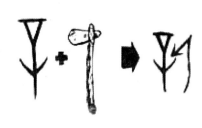

뜻으로 쓰기 시작하였다. 이를 가차(假借)라고 한다. '신(新)'자가 '땔
감'과 '새롭다'라는 두 가지 의미를 지니게 되자, 사람들은 의미상의
혼동을 막기 위하여, 신(新)자에 초(艸)를 더한 신(薪)을 새로 만들고,
이를 '땔감'이란 의미의 전용자(專用字)로 삼았다. 이 때 본래의 신
(新)과 신(薪)은 한동안 서로 주석(注釋)을 달 때 사용되었으므로, 신
(薪)과 신(新)을 전주(轉注)의 관계라고 한다.

이처럼 가차(假借)와 전주(轉注)는 새로운 한자를 만드는 방법은
아니었지만, 한자를 폭넓게 운용하는데 반드시 필요한 용자법(用字
法)이었다.

3. 한자 교수법

이상과 같은 한자의 특성과 변천과정에 대한 교육이 이루어지면
중국어 학습자는 한자에 대한 이해를 바탕으로 보다 용기를 가지고
한자 학습에 도전할 수 있다.

다음에서는 이러한 바탕 위에서 어떻게 한자 교육을 진행할 것인
가에 대한 구체적인 방법을 제시해 보고자 한다. 구체적인 방법으로
는 아래의 두 가지가 있다.

▪ 한자, 어떻게 소개할 것인가
▪ 한자, 어떻게 해석할 것인가

1) 한자, 어떻게 소개할 것인가

한자를 소개하는 것은 새로운 한자의 자형, 자음, 자의 세 가지 방면을 학습자에게 처음 제시하는 것이며, 학습자는 자신이 학습해야 하는 한자에 대해 기본적인 이해를 하게 한다.

한자는 자형, 자음, 자의 세 가지 요소를 포함하며, 소개를 통해 학습자가 비교적 짧은 시간 안에 정확하고 효과적으로 한자를 이해하도록 해야 한다.

일상적으로 사용하는 한자를 소개하는 방법으로는 아래 몇 가지가 있다.

(1) 그림을 보고 글자를 익히기

그림을 통해 한자의 뜻을 나타낸다. 옆에 한자를 쓰고, 한자의 발음에 주를 달아 읽는다. 이것은 일상적으로 많이 사용하는 한자 소개 방법 중 하나이다. 몇 가지 예를 소개한다.

소개하는 방법은 그림을 제시하고, 글자의 모양을 가리키고, 글자의 음을 읽는 것이다. 학습자는 화면을 통해, 글자의 뜻을 한눈에 알아본다. 도형 옆에 한자를 주고, 그림을 사용해 글자의 의미를 제시하고, 그림을 보고 글자를 익힌다. 이러한 방법은 생동감 있고 직관적이다. 특히, 그림형상과 한자의 모양 관계가 밀접할 때, 더 효과가 좋다.

 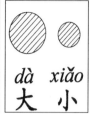 

(2) 글자 카드 제시하기

수업 전에 한자를 카드에 적어, 수업 때 학습자에게 보여주고 한자의 의미 등을 소개한다.

① 카드제작 양식

카드 제작에는 다양한 방법이 있다. 기본적으로는 한자의 자형, 자음, 자의 세 가지 방면의 관계를 고려하여 만드는데, 아래에 예를 참고하여 보자.

카드를 제작할 때 학습자의 상황에 따라 다른 방법을 선택할 수 있다. 일반적으로 한자를 단독으로 한 면에 적는 것이 좋다. 왜냐하면 이렇게 해야 학습자가 병음 또는 번역에 의존하는 것을 막으며, 식별하여 읽는 연습의 진행이 더 편리하기 때문이다.

한자카드를 소개하는 것은 처음 한자를 가르치는 데에는 비교적 좋은 방법이다. 왜냐하면 카드를 사용하면 편리하고 원활하며, 시간을 아낄 수 있다. 게다가, 한자를 소개하는 것 외에도 연습제시를 하거나 집중

복습 할 때 사용해도 된다.

② **카드사용방법**
카드를 사용하여 한자를 소개하는 것은 두 가지 방법이 있다.

선(先) 병음 후(后) 한자

먼저 병음을 쓴 카드의 면을 보여주고, 학습자가 읽게 함과 동시에 교수자가 글자의 의미를 알려준다. 다음 카드를 뒤집어 학습자에게 글자의 모양을 보여주고 자형, 자음, 자의 전체를 소개한다.

선(先) 한자 후(后) 병음

먼저 한자를 쓴 카드의 면을 보여주고, 학습자에게 직접 한자를 보게 함과 동시에 글자형태가 제시하는 글자의 뜻을 적절히 결합한다. 다음 카드를 뒤집어 학습자에게 병음을 보여주고 소리 내어 읽게 한다.

③ 배운 글자로 새로운 글자 이끌어내기
배운 한자와 부건 그리고 한자의 구조에 대한 지식을 이용하여 새로운 글자를 이끌어 낸다. 학습자는 한자에 대해 이미 기본 지식을 가지고 있으며, 상당한 수의 한자를 숙달한 후, 배운 글자로 새로운 글자 이끌어내는 한자소개 방법을 채택할 수 있다. 이러한 소개는 부건, 구조, 자음 등 여러 방면에서 시작해야 한다. 아래는 가장 기본적인 방법이다.

❶ 배운 글자를 사용해 필획 끌어내기

예를 들면 이미 "字"를 배웠고, 이제 "学"를 가르쳐야 하는데, 이미 배운 글자 字로 새로운 글자 學를 이끌어낼 수 있다. 교수자가 "字"를 판서하고, 동시에 "学" 카드를 꺼내서 말한다.

이것은 무슨 글자죠?("字" 가리킨다.) ……

맞아요, 이건"字"와 무엇이 다르죠? ("学" 가리킨다.) ……

판서: 字 → 学 ("学" 글자 윗부분에 색연필로 표시한다)

❷ 배운 글자를 사용해 부건 끌어내기

예를 들면, "汉, 请" 두 글자를 이미 배웠고, 이제 "清"을 학습해야 한다. 교수자는 아래와 같이 판서 할 수 있다.

汉—请 → 清

("汉" 자 중에서 "氵", "请" 자 중에서 "青" 과 "清" 자를 색연필로 표시한다.)

그리고 학습자를 지도하며 "清楚의 '清'자, 왼쪽의 삼수변과 汉语의 '汉'자 왼쪽이 같다. 오른쪽은 '请' 글자의 오른쪽과 같아요 ……"

❸ 배운 글자를 사용해 구조 끌어내기

예를 들어 "谢" 자를 배웠고, 이제 "树" 자를 가르칠 때, 먼저 아래와 같이 판서한다.

(교수자판서구조도)

다음에 두 글자의 서로 같은 것을 분명하게 가르쳐준다.

"'谢'자는 세부분이며, '树'자 또한 세부분인 것이 같다."

❹ 배운 글자를 사용해 자음 끌어내기

예를 들면 "青"자를 배웠고, 이제 "清, 轻"자를 학습해야 한다. 교수자는 세 글자를 분별해 판서한 후에 가리키며 말한다.

"이것은 青年의 '青', 이 두 글자(清, 轻)와 '青'의 발음이 같다."

❺ 배운 글자를 사용해 글자 의미 끌어내기

예를 들어 "江"자를 이미 배웠고, 이제 "湖, 海"자를 학습해야 한다. 교수자는

"매우 크며, 흐르는 물은 '江'이다, '湖'(판서하면서 소리 내어 읽는다)는 무슨 의미인지 아니? …… 그러면 '湖'보다 크고, 넓은 물은 뭐라고 부를까? …… '海'(자형을 판서하며 소리 내어 읽는다)."

한자의 규칙을 이용하여, 이미 배운 글자를 사용하여 새로운 한자의 의미를 유추하는 것이다.

2) 한자, 어떻게 해석할 것인가

한자해석이란 한자의 특징에 근거해 가르치려는 한자의 자형, 자음, 자의 세 가지 방면에 대해 분석하고 설명하는 것을 뜻한다.

한자는 뜻을 나타내는 특징을 가진 義音문자[2]로, 한자 자의와 자형 간에는 밀접한 관계가 있다. 다른 방면으로는 중국어에서 많은 형성자가 존재하고, 형성자의 성부와 형부를 구별하는 것은 글자의 소리 및 의미와 관련되어 있다. 한자의 3요소 및 그들 간의 관계는 한자를 해석하는 기본적인 근거이다.

한자해석의 목적은 학습자가 학습해야하는 한자를 이해하고 기억하게하기 위해서이다. 해석은 한자의 특징과 규칙을 이용해야하고, 요점을 잡아내는데 힘써 노력해야 하며 간결하고 알기 쉬워야 한다. 아래에 몇 가지 한자해석 방법을 소개하고자 한다.

(1) 모양 분석하기

글자의 모양에 근거해 한자를 해석한다.

한자는 상형문자에서부터 발전해와 한자자형은 지금도 일부 상형 특징이 남아있다. 그래서 한자는 모양을 보고 의미를 알 수 있다. 자형에서부터 시작해 학습자에게 한자와 나타내는 의미 간의 관계를 설명하며 학습자가 한자를 숙달하도록 도와준다.

① 모양에 따라 독체자 해석하기

한자 자형에 근거해, 독체자에 대해 해석한다. 예를 들면 "山, 日, 大, 人"등 글자를 가르칠 때, 이 글자들의 자형을 본뜨고, 한자 옆에

---

2) 표의(表意)와 일정한 표음(表音)의 기능을 갖고 있다.

자형의 근원을 나타내면, 의미 해석을 할 수 있다. 예를 들어:

山 — 높고 낮은 산봉우리와 같다. '山'의 의미를 나타낸다.

日 — 태양모양 ⊙ 과 같다. 한자는 네모난 글자라서 사각형으로 그렸다.

大 — 한사람이 정면으로 팔을 벌리고 서있는 모습으로, 사람들은 두 손을 수평으로 뻗쳐 힘껏 벌리는 것이 매우 크다고 여겼다. 그래서 이 형상은 "크다"의 의미로 사용되었다.

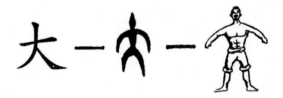

人 — 이것은 한 사람이 측면으로 선 모습이고, 간단하게 한 사람의
형상을 사용해 모든 사람을 표현했다.

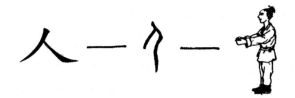

② 모양에 따라 합체자 해석하기

한자자형 특징에 근거해, 합체자에 대해 해석한다. 예를 들어, "休,
酒, 林" 등의 글자를 가르칠 때, 교수자는 아래와 같이 묘사 할 수
있다.

休 — 자형은 한사람이 나무 옆에 기댄 모습을 나타낸다. 사람이
나무 아래서 휴식하니, 休息(휴식)의 의미를 나타낸다.

酒 — 왼쪽에는 물의 액체를 나타내고, 오른쪽에는 고대 술 단지
　　　모양과 같다.

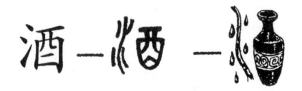

林 — 나무 두 그루가 함께 나란히 있어 많은 나무를 나타낸다. 그
　　　래서 "林"을 사용하여 숲을 나타낸다.

(2) 소리 분석하기

　형성자의 성부는 표음 기능을 가지고 있으므로 이를 근거로 한자
를 해석한다. 예를 들어, 학습자가 "方向"의 "方", "青年"의 "青"을 이
미 배웠다면 "芳, 房, 访, 清, 晴, 请" 등의 새로운 글자를 가르칠 때,
반드시 학습자에게 이 글자들 간의 소리관계에 대해 주의하여 설명
해 주어야 한다. 교수자는 아래와 같이 묘사 할 수 있다.

　"芳, 房, 访" 모두 형성자이다. "方"은 소리를 나타낸다.(3글자의 병
　음을 판서한다.), 나머지 부분은 의미를 나타낸다.
　"清, 晴, 请"도 형성자이다. 그들의 소리는 모두 qing이고, 성조만
　다르다. "清"은 qīng이라 읽는다. 水(물 수)가 있고, 의미는 물이 매
　우 깨끗하다 이다. "晴"은 qíng이라 읽고, 태양의 의미를 가지고 있
　다. 또, "请"(qǐng) 자는 말씀언변 부수를 가지고 있고, 다른 사람에

게 일을 부탁할 때 사용하는 것이다.

(3) 의미 분석하기

한자의 표의특징에 근거하여 한자를 해석한다. 아래에 몇 가지 방법을 소개한다.

① 그림에 따라 의미 해석하기

그림을 이용하여 글자의 의미를 보여주고, 한자를 해석한다. 예를 들어, "美" 자를 가르칠 때, 교수자가 사람이 머리위에 깃털을 쓰고 춤을 추는 형상의 그림을 제시한다. 그 다음 고대 중국인들은 이 모습을 아름답게 여겨 후에 "美" 자로 발전하게 되었다고 설명한다.

그림에 따라 의미를 해석하는 것은 직접적이고 분명하다. 만약 그림이 매우 자세하다면 학습자의 흥미도 증가한다.

② 근원에 따라 글자를 해석하기

한자의 기원에 근거하여 한자를 해석한다. 예를 들어, "册" 자를 교수자가 고대 사람들이 죽간 위에 글자를 적었고, 후에 줄로 함께 꿰어 사용해 책이 되었다고 설명한다. 한자자형의 변천과정은 이와 같다.

③ 구조에 따라 의미 해석하기

한자를 구성하는 각 부분의 의미 간의 구성에 근거하여 한자를 해석한다. 한자 중에 회의자 또는 지사자가 있는데, 몇 부분간의 관계 이해로부터 이 한자의 의미를 해석한다.

"信"을 예를 들어보면, "信"은 즉 "사람의 말(言)"이다. 그래서 편지의 의미로 사용되고, 사람이 말하면 책임을 진다하여 "믿음, 신용" 등의 의미로도 사용된다. 또, "采" 자를 예로 들면 위에는 손, 아래에는 열매를 맺은 과실이 있는 나무이다. 이것은 '따다'의 의미라는 것을 명백하게 알 수 있다.

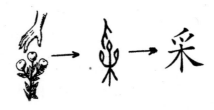

④ 형부에 따라 의미 해석하기

한자 형성자의 형부는 표의기능의 특징을 가지고 있다는 점에 근거하여 한자를 해석한다.

같은 형부를 가진 한자는 흔히 같은 의미의 속성을 가지고 있다. 이런 성질에 따라 형부에 대한 분석을 통해 학습자에게 한자의 의미를 한걸음 더 나아가 이해하도록 할 수 있다. 예를 들어, "海"자를 가르칠 때, 이 글자의 왼쪽은 'ⅰ'인데, 한자 '水'로부터 글자가 변화해온 것이고, 이것은 형부이다. 대체로 'ⅰ'자로 구성된 한자의 의미는 물과 관계가 있다. 이 때 학습자가 이전에 배운 삼수변 한자를 기억하게끔 하고, 동시에 약간의 보충을 더해도 된다. 그러면 학습자은 "江, 河, 湖, 浪" 등의 많은 한자를 알게 된다. 게다가 'ʔ' 의미 또한 잊지 않는다.

⑤ **유추하여 글자 해석하기**

이미 학습한 한자 지식에 근거하여 새로운 한자의 의미를 유추하고 해석한다. 이 방법은 학습자가 한자를 기억하는 것에 대해 한 개의 글자에 한정되어있는 것뿐만 아니라, 글자와 글자간의 하나의 다리로 지어진다.

아래는 유추하여 글자를 해석하는 방법이다.

❶ 자음 유추하기

이미 배운 한자에 근거하여 새로운 한자의 자음을 유추한다.

예를 들어, '晴'자를 가르칠 때, 교수자는 먼저 학습자들에게 이 글자를 어떻게 읽는지 추측해보라고 물을 수 있다. 학습자들은 '青, 清' 등의 글자를 이미 배웠으므로 '晴'자의 발음이 대략 qing이라는 것을 쉽게 유추할 수 있다. 이 때, 교수자가 정확한 성조를 학습자들에게 알려 주기만 하면 된다.

❷ 자형 유추하기

이미 배운 한자에 근거하여 새로운 한자의 자형을 유추하는 방법으로 위에서 소개한 자음을 유추하는 것과 같다. 한자 규칙을 이용하여 학습자들이 이미 아는 한자로부터 새로운 한자를 추측하게끔 하는 것이다.

예를 들어, '上' 을 배운다면, 교수자는 '上' 자를 판서하며 동시에 위쪽을 가리킨다. 다음 아래쪽을 가리키고 학습자들에게 'xia'의 글자 형태가 어떨지 추측하게끔 할 수 있다.

❸ 자의 유추하기

자의 유추하기는 유추 방법 중 가장 흔히 사용하는 방법이다. 왜냐 하면, 한자는 표의문자이기 때문에 자형으로부터 뜻을 유추할 수 있기 때문이다. 자의를 유추하는 것은 형부에서부터 시작할 수 있고, 또 한자 부건 구성으로부터 고려할 수도 있다.

예를 들어 '木'이 '樹木'의 의미라는 것을 안다면 두 개의 '木'으로 구성된 '林'이 어떤 의미인가는 쉽게 유추해 낼 수 있다.

Chapter 2

제1장 듣기 교수법

듣고 이해하는 연습은 언어 수업의 기초 연습 중 하나이다. 본장에서 중점적으로 소개할 듣기 교수법은 아래의 몇 단계 연습과정으로 나눌 수 있다.

▪ 발음 연습단계

이 단계에서 제일 주요한 것은 학습자가 음소, 단음절, 다음절 그리고 성조를 구별할 수 있도록 돕는 것이다. 이런 연습은 학습자가 중국어를 듣고 이해하는 능력을 기르는데 중요할 뿐만 아니라, 회화 능력을 기르는 데에도 중요한 수단이 된다.

▪ 단문 연습 단계

엄밀히 따지면, 짧은 문장을 듣는 것은 듣기연습의 한 단계가 아니, 듣기 연습을 하기 위한 일종의 예비단계이다. 자료 듣기를 시작하기 전에 단어의 뜻을 판별하고, 문장의 의미를 이해하는 등의 연습을 진행하려면 우선 어휘와 핵심어법 등을 예습함으로써 다음의 연습을 준비할 수 있다.

▪ 대화 연습 단계

이 단계에서는 학습자가 이해하기 쉬운 소재를 선택하여 주어진 장면에서 사건이 발생한 장소와 인물의 신분 등을 학습자가 이해하게 한다.

- **짧은 문장 연습 단계**

이 단계에서는 주로 정보 찾아내기, 관점 요약하기, 본문내용 이해하기를 연습한다.

- **녹음자료 사용 연습 단계**

녹음자료로는 PPT, 영상자료, 영화, 녹음 등이 사용 가능하다. 여기서 나오는 중국어 본문을 활용하여 듣기 연습에 사용할 수 있는데, 이러한 방법은 학습자의 흥미를 끄는데 주요한 수단이 되기도 한다.

- **실제 언어자료 사용 연습 단계**

이 단계는 실제 대화, 신문광고, 일기예보, 광고, 문학작품 및 교수자자의 수업을 녹음 한 것, 녹음영상 등 중국인이 일상생활에서 사용하는 실제 언어자료를 사용하여 수업하는 단계이다. 이 단계는 듣기 연습의 최종 목적일 수 있으므로, 이러한 연습을 강화할 필요가 있다.

본 장에서는 효율적인 듣기 교수법 소개를 위하여 아래의 몇 가지 교수법을 소개하고자 한다.

- 단문 이해 연습 교수법
- 대화 이해 연습 교수법
- 짧은 문장 이해 연습 교수법
- 녹음자료와 실제언어자료 이해 연습 교수법

1. 단문 이해 연습 교수법

단문의 듣기연습은 듣기수업 중에서 매우 중요하다. 왜냐하면 단문을 이해하는 것은 대화와 복문이나 단락의 유형을 이해하는데 기초가 되기 때문이다. 여기에서 우리는 문장의 초분절 성분3)을 이해하는 연습과 듣고 혼동하기 쉬운 단어를 이해하는 연습을 강조할 것이다. 이것 또한 듣고 이해하기 연습에 중요한 끼친다.

다음에서는 단문을 듣고 이해하기 연습의 주요 방법을 소개한다.

1) 모방하기

학습자가 CD나 교수자의 발음을 따라서 문장을 말한다. 이것은 기초적이고 연습 단계로 듣기수업에서, 모방연습의 작용은 학습자가 단어의 발음을 받아들이고 내보내는 것을 통하여 문장을 이해하는 능력을 강조시키고, 회화능력을 제고하는 것이다. 동시에 모방은 듣기수업 중에서도 종종 학습자의 틀린 대답을 고치는데 사용된다.

(1) 쉼(Pause) 모방하기

쉼은 하나의 중요한 어음 특징이며, 정확하게 쉼을 파악하는 것은 듣기 능력에서 매우 중요한 작용을 한다. 다음은 쉼을 모방하는 연습 방법이다.

师: 从学校 坐公共汽车 去动物园 要换几次车?

---

3) 문장의 강세, 높이, 길이, 쉼, 어조, 악센트 등을 말한다.

학교에서 / 버스를 타다 / 동물원에 가다 / 몇 번의 차를 갈아타야
하나?

生 : (重复)

师 : 咱们每天早上 六点起床 去操场跑步 怎么样?

우리 매일 아침 / 6시에 일어나다 / 운동장에 가서 뛰다 / 어때?

生 : (重复)

(2) 문장악센트 모방하기

문장악센트 또한 듣고 이해하는데 하나의 중요한 초분절음소에 영
향을 미친다. 예를 들어 :

师 : 王老师住在二十一楼。

왕 선생님은 21층에 살아요.

生 : (重复)

师 : 这才是她的自行车。

이것이야 말로 그녀의 자전거야.

生 : (重复)

(3) 억양 모방하기

억양도 중요한 어음특징이며 많은 문장의 뜻은 억양을 통해서도
드러난다. 따라서 정확하게 억양을 이해하고 정보를 제공하는 것이
학습자에게 매우 중요하다. 다음은 억양 모방하기의 연습이다.

师: 你没听见他说的话? (升调)

너는 그의 말을 못 들었니? (올린 키)

生: (重复)

师: 我没听见他说的话。(降调)

나는 그의 말을 듣지 못했어. (내린 키)

生: (重复)

2) 문장악센트 선택하기

교수자 또는 CD를 듣고 학습자가 강조된 성분을 말하는 것이다.

师: 我喜欢旅行。

나는 여행을 좋아해.

生: 旅行。

여행

师: 请你把这篇文章翻译成维文。

당신이 이 문장을 위구르어로 번역 해 주세요.

生: 你。

당신

3) 문장어투 선택하기

한 문장을 듣고 난 후, 학습자가 문장의 종류를 선택한다.

师: 我走进教室的时候, 他们正在说什么

내가 교실에 들어 올 때, 그들은 무슨 말을 하고 있었어

    ① ? (疑问句)   ② 。(陈述句)

师 : 这件事我就是不知道嘛

나 이 사건에 대해서 정말 모르고 있었어

    ① ? (疑问句)   ② 。(陈述句)

4) 악센트에 근거해 질문하기

학습자가 교수자가 말하는 문장의 강조된 부분에 따라 질문한다. 이런 연습은 학습자가 문장에서 강조된 정보를 판별하는 능력을 연습할 수 있고, 학습자가 중국어의 질문하는 방식을 연습하는데 도움을 준다. 예를 들어 :

师 : 我买了三张下星期三的电影票。

나는 다음 주 수요일의 영화표 세 장을 샀다.

生 : 你买了三张什么时候的电影票?

네가 산 세 장의 영화표는 언제(상영) 하는 것이니?

师 : 去上海的旅客在这边上车。

상해로 가는 관광객은 여기에서 차를 타세요.

生 : 去哪儿的旅客在这边上车?

어디로 가는 관광객이 여기에서 차를 타나요?

5) 받아쓰기

학습자가 교수자가 말하는 것이나 CD의 내용을 받아쓴다. 받아쓰기는 언어수업에서 매우 중요한 연습 항목이므로, 여러 교수법에서 사용된다. 듣기수업 중의 받아쓰기는 쉽게 혼동할 수 있는 내용에 집중해야 한다.

師 : 他是俄国人。그는 러시아 사람이다. ("俄国"는 "德国"와 헷갈리

　　기 쉽다.)

练习本 : ＿＿＿＿＿＿＿＿。

師 : 这个人太可气了。이 사람은 너무 화를 낸다.("可气"는 "客气"

　　와 헷갈리기 쉽다.)

练习本 : ＿＿＿＿＿＿＿＿。

6) 단어를 골라 빈칸 채우기

　학습자가 한 단문을 듣고 난 후, 들은 단어를 선택해 빈칸을 채운
다. 이러한 빈칸 채우기 연습도 쉽게 혼동할 수 있는 내용으로 집중
적으로 연습해야 한다.

師 : 中国有个陕西省。중국에 산시성이 있다.

练习本 : 中国有个＿＿＿＿省。

　　　　(1) 山西　　　　(2) 陕西

師 : 现在他正在船上睡觉呢。지금 그는 배에서 자고 있다.

练习本 : 现在他正在＿＿＿＿上睡觉呢。

　　　　(1) 床　　　　(2) 船

7) 단문에 나온 단어 가리키기

한 그룹의 단어들을 제시하고, 교수자가 읽으면, 학습자들이 단문에 나온 단어를 가리킨다.

예시

다음의 단어들이 제시되어 있다.

> 香蕉　梨　葡萄　苹果　桔子　西瓜　桃

师: 安丽不爱吃香蕉。 애니는 바나나를 안 좋아해.
生: 香蕉 바나나
师: 王林从来不买葡萄。 왕린은 여태껏 포도를 산 적이 없어.
生: 葡萄 포도
师: 中国南方没有苹果。 중국 남방에는 사과가 없어.

8) 의미가 관련되는 단어 선택하기

교수자가 한 그룹의 단어들을 제시한 뒤 한 문장을 읽으면 학습자들이 문장과 의미가 비슷한 단어를 말한다.

예시

교수자가 아래의 단어를 제시한다.

贵　远　脏　简单　高兴　便宜
冷　累　难　舒服　聪明　干净

师：今天风很大，我骑自行车来的。

오늘 바람이 너무 쎈데 나는 오늘 자전거를 타고 왔어.

生：累，冷。

더럽다(힘들다, 춥다)

师：王林今天没来上课。

왕린은 오늘 수업에 오지 않았어.

生：不舒服。

아프다

师：昨天汉字考试田军不到一小时就出来了。

田军은 어제 한자시험에서 한 시간도 되지 않았는데 바로 나왔어.

生：简单。

간단하다

9) 설명을 듣고 단어말하기

교수자가 한 그룹의 단어를 제시하고 한 단어의 의미를 한 문장으로 설명하면 학습자들이 교수자가 설명한 것이 어느 단어인지 가리킨다.

예시

词典, 录音机, 笔, 台灯, 黑板

師 : 你想知道外语的发音时，用它很方便。

네가 외국어 발음을 알고 싶을 때, 그것은 매우 편리해.

生 : 词典。사전

師 : 有了它，你回到宿舍还能听到老师的话。

그것이 있어서 네가 기숙사로 돌아가서도 여전히 선생님의 말을 들을 수 있어.

生 : 录音机。녹음기

師 : 写字用的东西。

글을 쓸 때 사용하는 물건

生 : 笔。펜

이 연습은 집중적으로 진행할 수 있고, 단문의 듣기 단계와 본문의 단어를 연습할 때에도 사용할 수 있다.

10) 문제에 빨리 대답하기

교수자가 하나의 문장을 빨리 말하고, 다시 바로 질문을 해서 학습자가 빠르고 간단한 대답을 하도록 한다. 이 연습은 단문 연습 단계에서 활용하여, 학습자가 빠른 속도로 정보를 알아내는 능력을 향상시킨다.

師 : 他昨天丢了一件毛衣。他的毛衣怎么了?

그는 어제 스웨터를 잃어버렸어. 그의 스웨터가 어쨌다고?

生 : 丢了。잃어버렸어요.

師 : 我上个月在上海认识了一位青年作家。我是在哪儿认识他的?

나는 저번 달에 상해에서 청년 작가 한 분을 알게 되었어. 나는 그를 어디에서 알게 되었다고?

生 : 上海。 상해에서

11) 앞 문장 듣고 뒷 문장 이어받기

교수자가 앞 문장을 말하면 학습자가 의미가 비슷한 뒤의 문장을 말
한다.

예시

師 : 这种筷子不是用竹子做的, 이런 젓가락은 대나무로 만든 것이
아니야,

生 : 是用木头做的。 나무로 만든 것이야.
是用铁做的。 쇠로 만든 것이야.

師 : 他这几天心情不好, 그는 요 며칠 기분이 안 좋아,

生 : 他可能跟女朋友吵架了。 그는 아마 여자 친구와 싸웠을 거야.
他可能考试考得不好。 그는 아마 시험을 잘 못 봤을 거야.

12) 문장의미 선택하기

교수자나 CD로 한 문장을 말하면, 학습자의 공책에 많은 답안을
주고(일반적으로 3~4개), 학습자가 제일 적당한 한 개의 답을 선택하
게 한다.

예시 1

录音 练习本

你怎么不早点儿说啊?

a. 你为什么不说? 너 왜 말 안하
니?

너 왜 일찍 말하지 않았어?

b. 你说得太晚了! 네가 너무 늦
게 말했어!

c. 你说得太早了! 네가 너무 빨
리 말했어!

d. 你说什么呢? 너 뭐라고 하는
거니?

예시 2

我好容易才找到钥匙。

a. 钥匙找到了, 很容易找到。열
쇠를 쉽게 찾았어.

나는 겨우 열쇠를 찾았어.

b. 钥匙找到了, 很难找。열쇠를
어렵게 찾았어.

c. 钥匙还没找到, 但是很容易找
。열쇠를 아직 찾지는 못했지
만, 쉽게 찾을꺼야

d. 钥匙没找到, 太难找了。열쇠
를 찾기가 어려워, 아직도 찾
지 못했어.

13) 문장의미의 잘못 된 것과 바른 것(正误) 판별하기

교수자나 녹음이 한 문장을 말하고, 문제집에도 유사한 문장이 있다. 문제집의 문장이 교수자가 말한 의미와 같을 수도 있고, 다를 수도 있는데, 이 때 학습자로 하여금 두 문장의 의미가 일치하는지를 판단하도록 한다. 이 연습은 학습자의 문장 이해력을 검사하는데 사용한다.

录音	练习本
我们要毕业了。	我们快毕业了。( )
우리는 곧 졸업을 할 거야.	우리는 곧 졸업을 할 거야.
小王要买这张桌子。	小王想卖这张桌子。( )
샤오왕은 이 책상을 사려고 해.	샤오왕은 이 책상을 팔고 싶어 해.
图书馆有过这种杂志。	图书馆里有这种杂志。( )
도서관에 이런 잡지가 있었어.	도서관에 이런 잡지가 있어.

14) 설명의 잘못 된 것과 바른 것 판별하기

교수자나 CD의 내용이 말하는 문장 및 문장의미의 설명을 들은 후, 학습자가 이러한 설명과 원래문장의 의미가 일치하는 가를 가려낸다.

예시

師 : 安丽说：“这件毛衣挺不错的，就是太贵了。”
이 스웨터는 정말 좋은데, 좀 비싸.

安丽没马上决定买。

애니는 구매의사를 바로 결정하지 못했다.

生 : 对。

맞아요.

师 : 王林说 : "我以为安丽真不来呢!"

나는 애니가 진짜 안 올 것이라고 생각했어!

安丽没来。

애니는 오지 않았다.

生 : 错。

틀렸어요.

师 : 丁云说 : "有时间我再培你去吧。"

시간 있을 때, 너 데리고 갈게.

丁云今天不能去。

띵윈이는 오늘은 못 가.

生 : 对。

맞아요.

15) 지시에 따라 동작하기

교수자가 중국어로 어떤 지시를 하면, 학습자가 교수자의 지시에 따라 동작한다. 이런 연습은 한 사람이 할 수도 있고, 여러 명이 동시에 할 수도 있다. 예를 들어 :

师 : 王林, 请你把教室后面那扇窗户打开。

왕린, 네가 교실 뒷 쪽의 창문 좀 열어줘.

生 : (지정된 창문을 연다)

师 : 请穿白色运动服的同学到前面来, 用红色粉笔写一个字。

흰색 운동복을 입은 학습자는 앞으로 나와서, 빨간색 분필로 한 글자를 쓰세요.

生 : (흰색 운동복을 입은 학생이 앞으로 나가 빨간색 분필로 한 글자를 쓴다)

2. 대화이해 연습 교수법

1) 숫자 듣고 받아 적기

하나의 언어를 학습 할 때, 숫자를 듣고 말하는 것은 비교적 어렵지만, 일상생활에서 자주 사용하기 때문에 반드시 연습을 해야 한다. 또한 숫자 듣고 받아 적기 연습은 학습자가 중국어 청각에 대한 민감도를 향상시키는데 유리하다.

이 단계에서는 전화번호, 우편번호, 차량번호, 번지, 및 기타 증명서 번호, 시간, 열차번호, 객차번호, 버스 노선 번호 등을 활용할 수 있다.

예시 1

录音   练习本
女 : 你的学生证号码?
男 : 456300。   (1) 学生证号码 ___
女 : 你的电话号码?
男 : 5032401。   (2) 电话号码 ___
录音   练习本
女 : 请问您的姓名?

男：王林。　　　　　　　(1) 姓名 ___

女：您的电话号码？

男：2017531 转 2053。　　(2) 电话号码 ___

女：您的账号？

男：083240。　　　　　　(3) 账号 ___

女：您要接通的电话号码？

男：734124。　　　　　　(4) 对方电话号码 ___

2) 정답, 오답 판별하기

먼저 대화의 일부분을 듣고 난 후, 교수자 또는 녹음의 대화 내용에 대한 질문을 하고 연습장에 답안을 제시하여 학습자로 하여금 답안이 정확한지 아닌지를 판단하게 한다.

이러한 연습도 단문 단계에서 자주 사용한다. 아래는 대화를 듣고 답안을 판별하는 예시이다.

A：同志，请问现在几点了？ 지금 몇 시야?

B：七点差一刻。 6시 45분

A：糟糕，可能来不及了！ 이런, 늦을 것 같아!

B：您去哪儿？ 너 어디 가는데?

A：海淀影剧院。 하이디엔 영화관

B：电影几点开始？ 몇 시에 시작하는 영화야?

A : 七点半。7시 30분

B : 来得及, 还有四十五分钟呢! 갈 수 있어, 아직 45분이나 남았어!

A : 噢, 对不起, 我听错了, 我以为七点一刻了呢。

아, 미안 미안, 내가 잘못 들었어, 나는 7시 15분이라고 생각했어.

(1) 看电影的人会不会晚? 영화 관람하는 사람은 늦을 것 같나요?

(2) 他为什么说 "糟糕"? 그는 왜 "이런"이라고 말했나요?

(3) 现在几点了? 현재 몇 시 인가요?

연습장

(1) 不会。(　　) 늦지 않는다.

(2) 他以为离电影开演还有四十五分钟呢。(　　)

그는 영화 상영 시간까지 아직 45분이 남았다고 여겼다.

(3) 七点一刻。(　　) 7시 15분

3) 듣고 난 후 정확한 답안 선택하기

먼저 대화의 일부분을 듣고 난 후, 교수자 또는 녹음의 대화에 대한 질문을 하고, 연습장에 답안을 제시하여 학습자로 하여금 정확한 답안을 선택하게 한다. 예를 들면 다음과 같다.

녹음

女 : 小刘, 怎么不高兴啊?

샤오리우, 어째서 기분이 안 좋니?

男 : 怎么能高兴呢? 就这一间房子, 家具没有地方放,

어떻게 기쁠 수가 있어? 이 집에, 가구를 놓을 곳이 없어서,

三个人一张桌子, 孩子一放学, 你就别想看书。

세 명이서 한 테이블이잖아. 아이가 학교를 마치고 나면 너는 공부
할 생각하지 마.

女 : 那有什么办法, 着急也没用。

그럼 뭐 어쩌겠어, 조급해해도 어쩔 수 없어.

男 : 我早晚要离开这个家, 说不定明天就走。

언젠가는 이 집을 떠날 거야, 어쩌면 내일 바로 갈 수도 있어.

女 : 这都是气话, 还是要耐心点儿。

다 화나서 하는 말이지, 조금만 참아봐.

문제와 대답

(1) 男的有什么问题?(남자는 무슨 문제가 있나?)

    a. 不想学习(공부하기 싫음)

    b. 和爱人有矛盾(연인과의 갈등)

    c. 房间太小(방이 너무 작음)

    d. 家具太多(가구가 너무 많음)

(2) 男的离开家没有?(남자는 집을 떠났는가?)

    a. 早上离开了家(아침에 집을 떠남)

    b. 晚上离开了家(저녁에 집을 떠남)

    c. 明天一定离开家(내일 반드시 집을 떠날 것)

    d. 还没有离开家(아직 집을 떠나지 않음)

3. 짧은 문장 이해 연습 교수법

1) 전달하기

교수자는 학습자에게 한 가지 사건을 알려주고 다른 학습자에게 전달하도록 한다. 예를 들면 다음과 같다.

老师：田军, 明天咱们不去参观了, 因为没有车。
明天8点上课。请你告诉王林好吗?
(선생님 : 티엔쥔, 우리는 내일 견학을 가지 않을 거야, 차가 없거든. 내일 8시에 수업이 있다고 왕린에게 전해 줄래?)
田军：王林, 老师说明天咱们不去参观了, 因为没有车。明天上课。
(티엔쥔 : 왕린, 선생님이 내일 우리는 차가 없어서 견학 안 가고, 수업할 거라고 말씀하셨어.)

2) 정확한 답안 선택하기

먼저 녹음 또는 교수자가 구두로 전한 짧은 문장을 듣고 난 후, 짧은 글의 내용에 근거하여 질문하고 연습장에 학습자에게 여러 개의 답안을 제시해주어 가장 적당한 답안 한 개를 골라내게 한다. 예를 들면 다음과 같다.

녹음

看到的和想到的
我从台湾回到大陆已经六个月了。我的老家在广东, 但是我家已经有五代生活在台湾了。
我回来后, 国家分给我两套住房, 房费非常便宜。我的几个孩子都进了学校。

我看到这里的老师工资低, 学费低, 但是老师教得很好。我在台湾
是电影导演, 我回来还要当电影导演。

我在北京生活了半年, 对这个城市的印象非常好。但是, 我看见很
多人上街买东西找不到休息的地方, 有的人就坐在马路边上休息。
我想, 为什么不在街道旁边放一些椅子或者多开些茶馆, 咖啡厅呢?
最后我想说, 能成为一个北京市民, 觉得很高兴。

(1984.10.4 北京晚报)

보는 것과 생각하는 것

나는 대만에서 중국 대륙으로 돌아 온지 이미 6개월이 되었다. 내
고향은 광동이지만 우리 집안은 이미 5대째 대만에서 생활을 했다.
내가 대륙에 돌아 온 후, 국가는 나에게 두 개의 방을 나눠 주었고
방세는 아주 쌌다. 내 아이들은 모두 학교에 들어갔다. 나는 이 곳
선생님들의 월급이 적고, 학비도 적지만 선생님들의 가르침은 훌륭
하다는 것을 알았다. 나는 대만에서 영화감독이었는데, 대륙에 돌
아온 후에도 여전히 영화감독이 하고 싶다.

나는 이미 북경에서 생활한지 반년이 되었고, 이 도시에 대한 인상이
매우 좋다. 그러나 나는 많은 사람들이 상가에서 쇼핑을 하고 난 후
에 쉴 만 한 곳을 찾지 못하고, 길에 앉아 쉬는 것을 보았다. 나는
왜 길 갓 쪽에 의자를 놓지 않거나 혹은 찻집이나, 카페를 열지 않는
지를 생각했다.

마지막으로 내가 하고 싶은 말은, 베이징의 시민이 된다는 것은, 기
분이 참 좋다.

녹음 질문과 연습장 답안

(1) 作者是什么人?(작가는 어떤 사람인가?)

     a. 一个刚回大陆半年的台湾人, 老家在广东。(막 대륙에 와서
       반년을 산 대만사람, 고향은 광동.)

b. 一个刚到北京6个月的华侨, 老家在台湾。(베이징에 온 지 6개월 된 화교, 고향은 대만.)

c. 以前是电影导演, 老家在北京。(전직 영화감독, 고향은 베이징.)

d. 现在是电影导演, 在台湾生活过多年。(현직 영화감독, 대만에서 오랫동안 생활했음.)

(2) 他对北京的哪些情况不满意?(그는 베이징의 어떤 상황에 대해 불만인가?)

a. 住房不够大。(방이 크지 않음)

b. 教师工资太低。(교사의 월급이 낮음)

c. 学校教育质量差。(학교 교육 수준의 부족)

d. 茶馆太少。(찻집이 너무 적음)

(3) 他对自己的哪些情况满意?(그는 자신의 어떤 상황에 대해 만족하는가?)

a. 房费低, 自己找到了工作。(방세가 낮고, 직장을 찾음)

b. 孩子都上学了, 买东西很方便。(아이들이 모두 학교에 들어갔고, 물건 사는 것이 매우 편리함)

c. 孩子的学费低, 自己的工资高。(아이들의 학비가 낮고, 자신의 월급이 높음)

d. 孩子的老师教得好, 自己还可以做自己喜欢的工作。(아이들 선생님의 교육수준이 좋고, 자신도 여전히 스스로가 좋아하는 일을 할 수 있음)

3) 도표 채우기

들은 자료에 근거하여 도표를 채운다. 예를 들어, 학습자의 연습장에 도표가 있고, 그 안에 물품과 관련 있는 명칭이 쓰여 있다. 학습자는 들은 수량과 가격을 물품 명칭 뒷부분에 적는다. 예를 들면 다음과 같다.

녹음

去南方旅行前，王林买了不少东西准备路上用。南方常下雨，王林买了一把雨伞，花了十二块三。王林听从朋友劝告，买了六米棉布，一米三块六，到小摊上做成一个简易睡袋，花了四块钱。这样他就能放心地住收费低的小旅馆了。另外，他还买了一个手电筒，四块七；治头疼、肚子疼的药各一盒，共六块二；还订购了一张火车硬卧票，一百二十块四毛，订票费四块。王林想计算一下儿，旅行前用了多少钱？

남방 여행을 가기 전에, 왕린은 여행 중에 사용 할 많은 물건을 샀다. 남방은 비가 자주 오기 때문에 왕린은 12.3원짜리 우산 하나를 샀다. 왕린은 친구의 충고를 듣고 6미터의 면직물을 샀는데, 이 면직물은 1미터에 3.6원이었다. 작은 노점상에서 4원을 들여 간이침낭을 만들었다. 이렇게 하여 그는 가격이 비교적 저렴한 작은 여관에 안심하고 묵을 수 있게 되었다. 그 외에도 그는 4.7원의 손전등 1개, 치통약, 복통약 각 한 통씩을 6.2원에, 침대 기차표 1장을 120.4원에 예매를 했는데, 4마오는 예약 비용이었다. 왕린은 여행 전에 얼마를 사용했을까?

도표

货物名称	数量	价格
雨伞		
棉布		
手工费(睡袋)		
药		
火车费		
顶票费		
合计		

4) 연결하기

학습자는 중국어 설명을 들은 후, 두 개의 상관되는 정보를 선으로 연결한다.

녹음	연습장
我们班的同学是从全国各地来的。王林是从北京来的, 24岁, 身高一米八二 ; 张朋是南京人, 大学刚毕业, 22岁, 才一米五八 ; 安丽是上海人, 20岁, 身高一米七八 ; 李刚是西安学生, 26岁, 身高一米八五 ; 丁云是漂亮的杭州姑娘, 25岁, 身高一米六六。我们在一起学习, 一起生活, 像兄弟姐妹一样。	20岁 李刚 1.78米 24岁 丁云 1.58米 22岁 安丽 1.85米 26岁 王林 1.66米 25岁 张朋 1.82米

우리 반 학습자들은 모두 전국 각지에서 왔다. 왕린은 베이징에서 왔고, 24살이며, 키는 182cm이다. 장펑은 남방 사람으로 대학을 졸업한 22살이며, 키는 겨우 158cm이다. 안리는 상해사람으로 20살이며, 키는 178cm이다. 이강은 시안에서 온 26살 학생으로, 키는 185cm이다. 정운이는 25살의 예쁜 항저우 소녀이며, 키는 166cm이

다. 우리는 다 함께 공부를 하며 생활하는데 마치 형제자매와 같다.

5) 설명을 듣고, 대상 알아 맞추기

교수자는 하나의 도시, 사물, 또는 한 사람의 특징을 묘사하여, 학습자에게 묘사된 대상이 무엇인지를 알아맞히도록 한다. 묘사된 대상은 학습자가 잘 알고 있는 것이어야 한다. 예를 들면 다음과 같다.

师 : 这是一个和平的, 美丽的国家, 国土不大, 人民富有, 这个国家同时使用好几种官方语言, 一般人也会说两三种语言。这个国家制造的手表很有名。

生 : 瑞士。

师 : 这个城市在中国是很特别的。那儿的人大多数信佛教。大多数内地人没去过, 外国人很喜欢 去那儿旅行。但是, 去那儿不容易, 因为不通火车, 只能坐飞机或汽车。另外, 外地人在那 儿不适应, 会头疼, 心脏感觉不舒服, 因为那儿是世界上最高的城市。

生 : 拉萨。

선생님 : 이 평화롭고 예쁜 한 나라는, 국토는 크지 않지만 국민들은 부유하고, 이 국가는 몇 가지의 공용어를 동시에 사용한다. 일반인도 두, 세 가지의 언어를 할 수 있다. 이 나라가 만든 손목시계는 매우 유명하다.

학습자 : 스위스

선생님 : 이 도시는 중국에서 매우 특별한 곳이다. 그 곳의 대다수는 불교를 믿는다. 많은 내륙사람들은 아직 이곳에 가보지 못했지만, 외국인은 그 곳에 여행 가는 것을 매우 좋아한다. 하지만, 그 곳에 가는 것은 쉽지 않다. 왜냐하면 기차가 다니지 않고, 비행기나 차로만 갈 수 있기 때문이다. 이 밖에도, 외부인들은 그 곳에 적응하기

쉽지 않아 머리가 아플 수도 있고, 심장이 불편할 수 도 있는데, 이유는 그 곳이 세상에서 가장 높은 곳에 위치한 도시이기 때문이다.
학습자 : 라싸

이상과 같은 듣기 연습 단계를 마치면, 실제 중국사람들이 대화하는 것을 녹음하여 들려주고, 이에 대한 이해를 할 수 있는 보다 고급스러운 듣기 연습을 진행할 수도 있다. 빗소리, 자동차 소리 등 잡음이 섞인 음성자료를 위에서 제시한 여러 방법을 통해서 듣기 연습을 진행하면 보다 높은 듣기 능력이 생성될 것이다.

제2장 말하기 교수법

중국어 수업에서 말하기는 두 가지의 형태로 진행되는데, 한 가지는 본문을 정독하여 말하기 능력을 향상시키는 것이고, 다른 한 가지는 일정 정도의 중국어 기초를 다진 후, 중국어로 자유롭게 의사소통을 하는 것이다.

본 장에서는 말하기 수업의 단계에 따라 아래 몇 단계로 나누어 소개하고자 한다.

- 교재 학습
- 기초대화훈련
- 기초독백훈련
- 중 고급 말하기 훈련

1. 교재 학습

1) 새 단어 학습하기

일반적으로 말하기 수업은 본문으로 들어가기 전에 우선 새로운 단어를 학습한다. 말하기 수업에서 새로운 단어를 학습할 때, 대화를 통해 학습자들로 하여금 단어의 용법을 파악하게 하는데 중점을 두어야 하며, 단어 학습을 한 후 본문 학습에 들어간다.

2) 본문으로 들어가기

말하기 수업에서 본문은 일반적으로 말하기 수업의 핵심이 되며 본문을 잘 학습하는 것은 말하기 수업의 관건 중 하나이다. 일반적으로 본문으로 들어가는 방법은 학습자가 기존에 배운 내용과 학습자의 수준에 따라 다를 수 있다.

(1) 본문 먼저 학습하기

학습자로 하여금 먼저 본문을 이해하게 하고, 이 기초 위에서 본문의 내용을 기억하고 훈련하며 확장하고 발표하여, 최종적으로는 그 수업에서 학습한 목적을 파악하는데 도달하도록 한다.

이러한 단계의 구체적인 방법은 다음과 같다.

교수자가 구두로 이야기하거나 본문을 두세 번 읽는다. 만약 본문이 길다면, 몇 개의 단락으로 나누어 이야기 할 수 있다. 동시에 본문 중에서 중요한 단어를 칠판에 써서, 학습자가 이해하고 기억하도록 돕는다.

교수자는 학습자와 본문 내용에 대해서 대화하며, 학습자로 하여금 본문을 이해하고, 기억하게 한다.

학습자는 짝을 이루어 말하기 연습을 하고, 교수자는 이 기회를 빌려 사방을 살피며 지도하고, 개별적으로 어려워하는 학습자가 지닌 문제를 해결해 줄 수 있다.

학습자가 이해하도록 연습시킨 후에는 개별 학습자가 모든 학습자들 앞에서 대표로 대화 연습을 진행하게 한다. 교수자는 학습자가 가지고 있는 문제점을 세밀히 교정한다.

이처럼 본문을 학습하면 학습 목표에 집중하여, 수업을 알차게 구성할 수 있다.

(2) 본문과 관련된 대화 시작하기

본문에 대한 이해와 학습이 어느 정도 진행이 되면 화제 배열법
혹은 상관 배열법을 이용하여, 새로운 단어를 배열하여 구성할 수 있
다.

교수자는 학습자와의 대화를 통하여, 하나의 주제 혹은 장면을 끌
어낸다. 교수자는 자신이 구상한 대화 내용을 활용하여, 학습자들의
대답을 이끌어 내고 교정해준다.

예를 들어, 교수자가 아래의 '길을 묻다'라는 대화를 시도한다.

A : 请问, 去友谊商店怎么坐车?

(실례합니다. 우의상점에 가려면 어떻게 차를 타야 합니까?)

B : 在校门口坐375到西直门, 然后挽地铁。

(학교입구에서 375를 타고 西直门에 내려서, 그 후 지하철로 갈아
타세요.)

A : 在哪儿下车?(어디서 내리나요?)

B : 到建国门站下车。(建国门站에서 내리세요.)

A : 麻烦您了。(폐를 끼쳤습니다.)

B : 不客气。(괜찮아요.)

실제로 도입하는 과정은 아마도 이럴 것이다.

师 : 请问, 去友谊商店怎么坐车?(실례합니다. 우의상점에 가려면
어떻게 차를 타야하나요?)

生1 : 老师, 我还没去过友谊商店呢。(선생님, 저는 아직 우의상점에

가본 적이 없어요.)

师 : (对学生2)请问, 去友谊商店怎么坐车?

((학습자2에게) 실례합니다. 우의상점에 가려면 어떻게 차를 타야 하나요?)

生2 : 坐375到西直门, 再挽地铁。(375를 타고 西直门에 내려서, 다시 지하철로 갈아타세요.)

师 : 在哪儿开始坐车?(어디서 타기 시작하나요?)

生2 : 在校门口儿坐车。(학교 입구에서 탑니다.)

师 : 很好。请你再说一遍。(고마워요, 다시 한번만 말해주세요.)

生2 : 在校门口儿坐375到西直门, 再挽地铁。

(학교입구에서 375를 타고 西直门에 내려서 다시 지하철로 갈아타 세요.)

师 : 好。在校门口儿坐375到西直门, 然后(!)挽地铁。在哪儿下车?

(좋아요, 학교입구에서 375를 타고 西直门에 내리고, 그 후! 지하철 을 갈아타세요. 어디서 내리나요?)

生 : 在建国门站下车。(建国门站에서 내리세요.)

师 : 麻烦您了。(폐를 끼쳤습니다.)

生 : 不客气!(괜찮아요.)

师 : (对学生1)请问, 去友谊商店怎么坐车?

((학습자1에게) 실례합니다. 우의상점에 가려면 어떻게 타야하나 요?)

生 : 在校门口儿坐375到西直门, 然后挽地铁。

(학교입구에서 375를 타고 西直门내리고, 그 후 지하철로 갈아타세 요.) ……

이런 방법을 통해, 본문에서 파악해야 하는 학습 포인트를 연습한 후, 다시 한두 번 본문을 연습한다. 어떤 대화에 들어가기 전에, 대화 진행에 제한된 범위를 주기 위해, 교수자는 먼저 의미를 나타내는 그림을 그리거나, 중요한 단어를 제시해도 된다.

위의 예를 예로 들면, 만약 교수자가 우선 칠판에 학교에서부터 목적지까지의 의미를 나타내는 그림을 그린다면, 효과가 훨씬 좋을 것이다.

이러한 방식의 장점은 교재의 학습 포인트를 충분히 강조할 수 있고, 비교적 충분히 연습을 하고, 쉽게 대화로 결합시킬 수 있다.

3) 교재에 초점을 맞추어 연습하기

교재를 학습한 후에, 일반적으로 교재내용과 조금 다른 관련된 내용에 대해서 연습을 하려고 한다. 이것은 주로 역할 나누어서 다시 말하기, 인물 바꾸어 연습하기와 장면 바꾸어 연습하기를 포함한다.

(1) 역할 나누어서 다시 말하기

학습자가 본문의 내용을 파악한 후, 학습자는 본문 중에 출현하는 인물에 따라, 본문 내용의 역할을 나누어서 다시 말한다.

예를 들어, 다른 학습자로 하여금 순서대로 위에서 예로 든 "길을 묻다"라는 대화에서의 한 역할을 맡게 한다.

(2) 인물 바꾸어 연습하기

학습자는 기본적인 본문 혹은 교수자가 구상한 기본 대화를 파악한 후에, 교수자가 구상해낸 학습 포인트를 응용하여 새로운 인물로 연습을 진행한다.

예를 들어, 위에서 말한 말하기 중 등장 인물을 젊은이에서 노인으로 바꾸어 길을 묻거나, 혹은 어린 아이에게 길을 묻는 것으로 활용하는 것이다.

(3) 장면 바꾸어 연습하기

교수자가 구상한 학습 포인트를 응용하여 새로운 장면을 학습자들이 연출하여 교실에서 훈련한다. 예를 들어, 위의 대화연습을 끝낸 후에, 다른 목적지를 물어 볼 수 있다. 예를 들어, 이화원, 자금성 등으로 바꾸어 연습하거나, 혹은 학습자 자신이 자신의 일상 생활 중에서 알게 된 장소에 대한 질문을 하는 것이다.

2. 기초 대화 훈련

기초적인 대화를 연습하는 것은, 주로 학습자가 가장 필요로 하는 방면에 초점을 맞추고, 비교적 실용적인 내용으로 연습을 진행한다. 학습자의 수준이 비교적 낮을 때에는 발음과 문법을 교정할 수 있고, 어휘 방면의 연습도 병행할 수 있다. 아래에 소개하는 교수법과 연습 방법은 본문의 내용을 중심으로 진행할 수도 있으며, 수업의 진도에 따라 교재의 내용을 벗어나서 진행할 수도 있다.

1) 교수자와 학습자 문답하기

교수자와 학습자간의 묻고 답하기 연습이다. 묻고 답하는 것은 사람간의 가장 기본적인 교제 방식이며, 특히 말하기 수업에서는 가장 기본적인 연습 방식이다.

묻고 답하기 연습에서 교수자는 학습자의 성격, 취미, 전공과 일상생활 등을 알아낼 수 있는 질문을 던져야 하며, 질문을 할 때는 친근하고, 자연스러워야만 학습자가 흥미를 느끼고 용기를 내어 답할 수 있다.

주의 할 점은 학습자의 사생활과 비교적 대답하기 어려운 문제는 묻지 말아야한다는 것이다. 예를 들어 "아버지 직업은?"과 같은 비교적 사적인 질문은 피해야 한다.

(1) 질문 연습하기

질문하는 능력은 사람과 사람이 교류를 할 때 가장 기본적인 능력 중 하나이다. 그러나 중국어의 질문 하는 방식은 비교적 복잡하며, 특히 의문대명사가 사용된 문장을 이용하여 질문하는 것은 초보 학습자에게는 비교적 어렵게 느껴진다.

질문하는 능력을 연습할 때, 가장 자주 사용되는 두 가지 방식은 정해진 내용 질문하기와 자유롭게 질문하기이다.

① 정해진 질문하기

교수자가 질문할 항목을 사전에 제시하여, 학습자들로 하여금 이 내용에 대해 질문하게 하는 것이다. 예를 들어, 초급단계는 학습자에게 이름, 나이, 직업, 가정구성원, 주소, 전화번호, 전공, 가격, 수량,

시간 등을 묻는 연습을 진행할 수 있다.

중급과 고급 단계에서는 학습자에게 취미, 개인취향, 친구 선택 기준, 어떤 지역의 풍토적 인정, 어떤 사람이나 어떤 일의 견해 등에 대해서 묻는 연습을 진행할 수 있다. 예를 들어:

상황: 초면
알고 싶은 내용: 이름, 주소 등

순서: 1. 시범, 먼저 교수자가 한 학습자에게 묻는다.
师: 你好。(안녕하세요.)
生: 你好。(안녕하세요.)
师: 请问, 你叫什么名字?(실례지만, 이름이 뭡니까?)
生: 我叫张丽。(저는 짱리예요.)
师: 你住哪儿?(당신은 어디에 살아요?)
生: 我住公寓楼513。(저는 아파트 513동에 살아요.)

② 자유롭게 질문하기

학습자는 자신이 관심 있는 문제를 질문할 수 있다. 이런 연습은 초급단계에서도 사용할 수 있지만, 중급단계 혹은 고급단계에서 훨씬 많이 사용한다. 이런 연습은 말하기 수업의 주요 내용을 끝낸 후, 짧은 시간을 이용해 진행할 수도 있고, 학습자가 일정 단계를 학습한 후 한 두과에 집중해서 진행할 수도 있다.

또한 본문의 내용과 무관하게 학습자가 교수자에게 알고 싶은 내용을 질문할 수도 있는데, 이때는 교수자와 학습자 사이에 일정 정도의 유대감이 형성되어 있어야 한다.

이때는 학습자에게 질문을 준비할 충분한 시간을 주고, 학습자들이 자유롭게 질문 하도록 허락해야 한다. 자유롭게 질문하는 것은 학습자가 교수자에게 물을 수도 있고, 학습자가 다른 학습자에게 물을 수도 있다.

순서

1. 교수자는 수업 전 혹은 수업을 빨리 마칠 때, 10~20분을 이용하여, 학습자에게 미션을 주고, 누구나 교수자에게 한 두 개의 문제를 물을 수 있도록 한다.
2. 교수자는 학습자들의 문제에 대해 간결하게 답변한다.

(2) 상황에 맞는 질문하기 연습

교수자가 어떤 상황을 제시하면, 학습자는 그 상황에서 당연히 말해야 하는 말을 사용하여 대화를 이어나간다.

초급단계에서는 학습자가 묻고 싶은 내용을 묻기에는 어느 정도 한계가 있기 때문에, 특정 상황을 설정하지 않으면, 학습자는 아주 간단한 질문만 할 수 있을 것이다. 이렇게 되면 예를 들어 식당, 이발소, 정류장 등의 의사 소통이 필요한 장소에 가서 묻고 싶은 내용을 충분히 물을 수 없게 된다. 따라서 특정 환경을 제시하고, 그 환경에서 필요로 하는 언어를 사용하여 상황에 맞는 묻기 연습을 하는데 중점을 두어야 한다.

만약 학습자 기숙사에 전등이 나갔거나, 온수기에 물이 새거나, 화장실이 막혔을 때, 어떻게 사람을 불러 수리를 할 것인가, 학습자가 시장에 가서 물건을 살 때, 가격 묻는 것 이외에 그들에게 어떻게 값을 흥정하는지도 가르쳐야 한다. 특정 상황에서 학습자가 그들에게

필요한 정보를 얻을 수 있도록 묻기 연습을 진행하는 것은 그만큼
중요하다.

例 1

师 : 你宿舍的灯坏了, 你要打电话找工人来修理, 怎么说?
(기숙사 전등이 나갔어, 너 전화해서 근로자에게 수리하러 오라고
해야 하는데 어떻게 말할 거니?)

生 : 芳驾, 我宿舍的灯坏了, 清马上来修理一下, 好吗？我住306房
间。
(수고하십니다. 기숙사 전등이 나갔어요, 지금 와서 고쳐주 실 수
있어요? 저는 306방에 있어요.)

例 2

师 : 你买了一双鞋, 但是穿着不合适, 或者有毛病, 你想把它退给商
店, 怎么说?
(네가 신발을 샀는데, 어울리지 않거나 혹은 결함이 있어서, 너는
그것을 상점에 반품하고 싶어, 어떻게 말할거야?)

生 : 对不起, 这双鞋我穿着有点儿小, 我想退了, 可以吗?
(죄송합니다. 이 신발은 저에게 약간 작아요, 저는 반품하고 싶어요,
될까요?)

이처럼 교수자가 특정 상황을 주면, 학습자는 그 상황에 맞는 질문
을 만들어 질문을 하게 되며, 이러한 연습을 통하여 중국어에 더욱
흥미를 가지게 될 수 있다.

(3) 상황에 맞는 문답 연습하기

교수자는 특정 상황을 설정하고 학습자로 하여금 그 상황에서 각각 다른 역할을 맡게 하여 문답 연습을 진행한다.

일반적인 방법은 교수자가 한 장면을 설정하여 설명하고, 학습자는 상황에 따라 간단한 대화를 진행한다.

예를 들어, 교수자가 아래의 상황을 두 학습자에게 대화하도록 제시한다.

상황: 시장에서 을은 옷을 판다. 갑은 예쁜 옷을 보았고, 매우 사고 싶었지만, 너무 비싸다고 생각했다. 갑과 을은 옷값을 흥정한 후에, 갑은 옷을 샀다.

甲: 劳驾, 这件衣服多少钱?　(수고하십니다. 이 옷은 얼마인가요?)

乙: 一百五十元。　(150위안입니다.)

甲: 太贵了, 能不能便宜一点儿?　(너무 비싸요, 좀 싸게 해주시면 안될까요?)

乙: 你给多少钱?　(당신은 얼마를 줄건가요?)

甲: 要是一百三十元的话, 我就卖。　(130위안이면, 살게요.)

乙: 这太少了, 一百四十块, 你买不买?　(너무 싸요, 140위안으로 해요, 살거예요?)

甲: 好吧, 我买了。　(좋아요, 살게요.)

(4) 연기하기

학습자는 교수자가 제시한 요구에 따라 연기를 한다.

말하기 수업에서 연기하는 것은 말하기 능력을 훈련하는 것이 목적이므로, 과도한 연기 지도는 필요 없다.

연기하기 연습이 문답하기 연습과 다른 점은 연기는 말과 동작(손 동작, 자세, 얼굴의 표정 등)의 결합이라는 점이다. 이는 학습자가 단어나 문장구조를 기억하는데 있어서 편하고, 배웠던 단어를 대화 중에 사용하고, 또 그들이 배운 중국어를 사용해 생각하는 연습에 도움이 된다.

연기의 절차

1. 준비하기
역할을 나누어 연습하기, 도구 준비하기, 동작 설계하기 등

2. 진행하기
학습자들은 역할에 따라 무대에서 연기를 한다. 만약 어떤 학습자가 긴장하여 대사를 잊으면, 교수자는 옆에서 알려줄 수 있다. 한 조가 연기를 끝내면, 다음조로 넘어간다.

3. 총괄하기
교수자는 주요 대화 내용을 반복하여 강조한다. 학습자들의 연기에 대해 격려해 준다. 예를 들면:

소 연극: 너 어디 다쳤니
연습 목적: 1.사과 하는 방법을 연습한다.
            2."走不了"(걸을 수가 없다) "背不动"(짊어질 수 없

다.) "来不及"(생각할 겨를이 없다)와 같은 배웠던 중국어표현을 활
용한다.

교수자는 먼저 설정한 장면을 소개하고, 역할을 나눈다. 학습자 A
로 하여금 자전거 타는 젊은이를 맡게 하고, 학습자 B는 길을 걷는
행인을 맡게 한다.

학습자 A는 자전거를 타고 학습자 B를 부딪쳐 넘어진다, B는 넘어
지고, 부딪친 정도가 매우 심각하다.

A : 实在对不起, 你怎么样了?(정말 죄송합니다. 괜찮습니까?)

B : 哎呀, 我的腿大概被你撞坏了, 疼得很厉害, 哎呀
(아이고, 내 다리가 당신과 부딪쳐서 부러진거 같아요. 매우 아파요,
아이고)

A : 怎么办呢 : 我送你去医院吧?(어떡하죠, 제가 당신을 데리고 병
원에 갈까요?)

B : 我动不了, 也起不来。(나는 움직일 수도 없고 일어설 수도 없어
요.)

A : 我把你扶起来, 背你上医院吧。
(제가 당신을 부축해드릴게요, 당신을 업고 병원에 갈게요)

B : 好———吧。(알겠습니다.)

A : 哎呀, 你太重了, 我背不动呀!
(아이고! 너무 무거워요, 나는 업을 수가 없어요!)

B : 那怎么办呢? 哎呀, 快疼死了。你快叫一辆出租汽车吧, 要不,
我就要疼死了。
(그럼 어떻게 하나요? 아이고, 아파 죽겠습니다. 빨리 택시를 불러
주세요. 그렇지 않으면, 아파서 곧 죽을 것 같아요.)

A : 好, 我去叫。TAXI———TAXI! (알겠습니다, 부르러 갈게요 택

시 택시!) ……

중급 단계에서는 교수자가 상황을 설정하지 않고, 학습자 스스로가 대본을 쓰고 연기하는 연습을 진행할 수도 있다. 이러한 연기 연습은 학습자가 중국어를 이용하여 생각해내고, 중국어 능력을 활용하는 좋은 연습 방법이다.

3. 독백 훈련

1) 그림 보고 말하기

각종 그림들을 이용해서 말하기 연습을 한다. 이때 말하기는 대화일 수도 있고 혹은 독백일 수도 있다.

그림은 도시의 교통지도, 지도, 인물사진 등을 활용할 수 있다. 예를 들어 교통지도를 이용하여 길을 묻는 연습을 하고, 어떤 곳에 무슨 건물이 있는지, 어떤 건물이 어느 곳에 있는지를 묻는다. 학습자는 교통지도를 보며 질문에 대답한다.

또 고향 지도를 이용하여 자신의 고향을 소개할 수도 있고, 가족사진을 이용하여 자신의 가정에 대해 소개할 수도 있다. 혹은 각 종 사진을 이용하여 자신의 중학교 혹은 고등학교 시절을 소개하고, 자신의 동창, 선생님, 친구 등을 소개할 수도 있다.

그림을 보면서 말하는 것은 초급단계에서는 본문과 결합하여 진행할 수 있다. 연습할 때 학습하려는 내용이 부각될 수 있도록 주의해야한다. 예를 들어, 방위사의 용법과, 존현구 등을 학습할 때는 아래의 방법을 사용할 수 있다.

예1 그림을 보고 각자 한 마디 씩 말하기

교수자는 일반적으로 누구나 아는 몇 장의 영화배우 사진을 제시한 뒤 학습자에게 30초 정도 보게 하고, 학습자로 하여금 이들을 소개하는 내용을 빠르게 말하게 한다. 이때 다른 학습자의 설명과 중복되어서는 안된다.

예2 사진을 이용하여 자신의 고향을 소개 한다

학습자 중 고향을 소개할 몇 학생을 미리 지정한 뒤, 한 사람당 2~3분의 시간을 정한다. 학습자가 소개할 때, 교수자가 고유명사를 칠판에 써 주면 학습효과가 올라갈 수도 있다.

한 학습자가 소개를 끝냈으나 다른 학습자가 못 알아들었다면, 이해가 되지 않는 부분을 소개한 사람에게 질문할 수 있도록 한다.

2) 다시 말하기

이 학습법은 기계적인 반복 연습을 응용하는 훈련이다. 들은 후에 다시 말하거나 읽은 후 에 다시 말할 수 있다.

듣거나 읽는 내용은 새로운 단어가 비교적 적고, 말하기 형식으로 되어 있으며, 이야기의 줄거리가 있고, 인물관계가 간단하여 다시 말하기에 적합한 문장이여야 한다.

문장의 길이는 학습자의 중국어 수준에 따라 점차 늘릴 수 있으며 내용의 깊이와 난이도 역시 학습자의 중국어 수준에 따라 정한다.

다시 말하기 학습의 목적은 듣거나 읽은 후 내용을 기억하는 능력과 정보를 받아들임과 동시에 그것을 자신의 말로 바꾸어 표현해내는 능력을 기르고, 동시에 학습자의 말하기를 풍부하게 하고 규범에 맞게 하는 효과가 있다.

3) 말로 묘사하기

학습자로 하여금 하나의 사물을 묘사하거나 하나의 과정을 서술하게 한다.

묘사하는 대상은 사람의 외모, 복장, 자신의 기숙사, 캠퍼스 등으로 정할 수 있다. 묘사를 할 때는 학습자마다 각자 한 마디씩 말할 수도 있고, 아니면 학습자 각자 십 여 문장 씩 말할 수도 있다. 이때 주의할 점은 모든 학습자가 입을 열고 말을 하게 해야 한다는 점이다.

예 : 만두를 만드는 과정 묘사하기
목적 : "把"자구를 사용하여 묘사하는 것을 훈련한다.

주의할 점은, 학습자가 이미 만두 만드는 과정을 알고 있어야 한다는 점이다. 이 연습은 연기하기 연습과도 결합할 수 있는데, 예를 들어 교탁 혹은 교실의 책상을 도마로 삼고, 짧은 자를 식칼로 삼고, 찢은 종잇조각을 소로 삼고, 종이를 만두피로 삼고, 연필을 젓가락으로 삼는 식이다.

교수자는 반드시 사용해야하는 동사와 단어를 판서해야 하는데, 예를 들어, "파, 생강, 배추, 부추, 조미료, 소금, 간장, 참기름, 소, 밀가루" 등의 필요한 명사와 "꼬다, 반죽하다, 짜다, 비비다, 얇고 평평하게 밀다, 잡다" 등의 동사, 그리고 把자구의 문장구조를 제시해야 한다.

주어 + 把 + 목적어 + 동사(V) + 보어 / 목적어 + (了)

　　교수자는 학습자의 옆에서 동작을 취할 수 있고, 학습자로 하여금 교수자의 동작에 따라 말로 묘사하게 할 수도 있다. 이렇게 하면 학습자는 아래의 문장을 말할 것이다.

先把白菜洗一洗 / 洗干净。

먼저 배추를 씻는다. / 깨끗하게 씻는다.

把肉放进绞肉机里, 绞成肉末。

고기를 고기 짜는 기계에 넣고 다진 고기를 만든다.

把酱油, 料酒放到肉末里, 搅拌一下。

간장, 조리용 술을 다진 고기에 넣고 반죽을 한다.

把白菜绞成白菜馅。把水挤出去。

배추를 짜서 배추소로 만든다. 물을 짜서 빼낸다.

把全部作料放在肉末里, 搅拌一下。

모든 재료를 다진 고기 안에 넣은 후에 반죽한다.

把面粉加上水和好。

밀가루를 물을 더해 잘 섞는다.

把面搓成小圆条。

밀가루 반죽을 비벼서 얇고 둥근 줄기를 만든다.

用刀把它切成一节一节的。

칼을 사용해 한마디 한마디로 썬다.

把每一段都擀成小圆条。

매 토막을 밀어서 얇고 둥근 줄기를 만든다.

用筷子把馅放在小圆片上。

젓가락을 사용해 소를 둥근 피에 넣는다.

用手把馅包起来。

손을 이용해 소를 싸기 시작한다.
把水倒进锅里烧开。
물을 솥 안에 넣고 끓인다.
把包好的饺子放到锅里。
잘 빚은 만두를 솥 안에 넣는다.
煮十分钟后把饺子捞出来。
십분 동안 끓이고 만두를 건져낸다.
…………

　마지막으로 학습자에게 만두 만드는 전과정을 한번 말로 설명하도록 한다.

4) 요약하여 말하기

　학습자가 복사물 혹은 CD의 음성을 듣고 난 후 보거나 들은 내용의 줄거리를 말로 말한다. 이 교수법은 학습자의 종합하는 능력과 요약하는 능력을 요구하며, 학습자 자신이 보고 들은 것을 일관성 있는 문단으로 조직해서 구두로 설명해내는 것을 요구한다. 요약하여 말하는 내용은 한편의 소설이나 영화, 혹은 하나의 이야기 혹은 직접 자신이 경험한 것 등이 소재가 될 수 있다.

　읽기 수업에서도 요약하여 말하는 방법을 사용하여 학습자가 말로써 표현하는 능력을 학습시킬 수 있지만, 읽기 수업에서 요약하여 말하는 내용은 흔히 본문을 원본으로 여기는데 반해, 말하기 수업에서 요약하여 말하기는 학습자 자신이 보고 듣고 사고하고 생각하는 것에서 출발하는 것이므로, 훨씬 실제적이고 훨씬 생동적이며 훨씬 사실적이다.

즉 학습자 자신이 중국어를 사용해서 생각하고, 중국어를 사용하여 구성하고, 중국어를 사용하여 표현해 나가는 것이 필요한 것이다. 따라서 읽기 수업에서의 요약하여 말하는 것과는 분명하게 다른 점이 있다.

4. 고급 단계에서의 말하기 훈련

고급 단계에서의 중국어 말하기 수업에서는 아래의 몇 가지 방법을 활용할 수 있다.

1) 기자회견

한 학습자로 하여금 대변인의 역할을 맡게 하고, 다른 학습자는 문제를 제시하게 한다. 대변인 역할의 학습자는 제기된 문제에 답을 해야 한다.

기자회견 형식으로 학습하는 것은 말하기 수업에서 학습자들에게 말할 기회를 많이 부여할 수 있으며, 또한 재미있는 내용을 주제로 삼는다면 학습자의 학습의욕을 제고시킬 수도 있다.

2) 조사와 보고

교수자는 한 개 혹은 여러 개의 조사해야 할 항목을 제시하고, 학습자로 하여금 중국인과 직접 이야기를 나누고, 의견을 구하게 한다. 이후 학습자 전체에게 조사한 결과를 보고하게 한다.

조사는 교수자의 규정에 따라 진행하며, 보고는 조사를 하고 난
후, 조사한 결과를 말하기 수업시간에 모든 사람에게 구두로 보고하
게 한다.

조사할 항목은 학습자의 말하기 수준에 근거하여, 쉬운 것에서부
터 어려운 것으로 점차 난이도를 높여 나가야 한다.

조사와 보고의 순서

1. 교수자는 학습자에게 조사할 항목들을 제시해주고, 학습자에게
   스스로 한 가지를 선택하게 한다.
2. 학습자에게 조사방법과 조사할 때 쓰는 호칭과 예절용어를 소개
   한다.

예

"向您打听一下"("여쭤보겠습니다."),

"对不起, 可以向你问个问题吗?"("실례하지만, 당신에게 질문해도
되겠습니까?"), "谢谢您的帮助。"("당신의 도움에 감사합니다."),

"给您添麻烦了。"("당신께 실례를 끼쳤습니다."),

"实在太感谢了。"("정말 감사합니다.")

3. 학습자는 중국인을 대상으로 중국어로 조사해야 할 항목에 대해
   서 미리 준비한 조사표를 활용하여 조사를 진행한다. 이때 녹음
   을 해 두면 추후에 조사내용을 정리할 때 도움이 된다.
4. 조사보고회를 진행하여 모든 학습자가 조사한 결과 및 조사 과정
   을 보고할 수 있도록 한다.

3) 토론하기

교수자의 지도하에, 학습자들은 하나의 주제에 대해서 자신들의 의견를 발표한다. 토론 수업은 학습자가 중국어를 사용하여 생각하고, 자유롭게 자신의 생각이나 관점을 표현하는 좋은 형태의 훈련이다. 토론의 주제는 대부분의 학습자가 관심을 가지는 것 혹은 모두가 흥미가 있는 것이어야 한다. 관심이 있고, 흥미가 있어야, 적극적인 토론을 유발할 수 있기 때문이다.

토론의 목적은 말하기를 연습하기 위함이며, 교수자는 토론 결과에 대해서 결론을 내릴 필요는 없다. 단지 토론 중에 중국어 어법에 어긋나는 표현에 대해서만 지도하면 된다.

【 고급 단계에 적합한 토론하기 】

토론의 순서

1. 준비

토론할 주제를 정하기 위하여 전체 학습자의 의견을 묻고, 의견을 수렴한다. 주제가 정해지면 명확하게 토론할 주제를 공지하고, 토론 시간을 확실하게 정한 뒤, 발표할 요점 혹은 발표문을 준비한다. 교수자는 학습자들을 대상으로 토론 수업에서 발언할 때 자주 사용하는 표현 등을 먼저 숙지시킨다.

예를 들어 :

"我认为"("제가 생각하기에는"),
"我对这个问题的看法是 ……" "이 문제에 대한 제 견해는 ……"),
"我觉得 ……"("제 생각에는 ……"),

"我同意/不同意这种看法/观点" ("저는 이러한 견해/관점 을 동의/
반대 합니다.")

"因为 …… 所以 ……"("왜냐하면 …… 그래서 ……"),

"虽然 …… 但是 ……"("비록 일지라도 …… 그러나 ……")

"无论 … 都 ……"(" ……을 막론하고 모두 ……"),

"即使 …… 也 ……"("설령 할지라도 …… 또 ……")

2. 토론

교수자는 되도록 모든 학습자에게 발언할 기회를 주고, 만일 발언
시간이 너무 길어지면 약간의 시간 통제를 해야 한다. 또한 발언하
기를 두려워하는 소극적인 학습자에게는 격려를 해 주어, 능동적으
로 토론 수업에 참여토록 해야 한다.

3. 종합 정리

학습자들이 범한 공통적인 발음 및 문법 실수를 교정하고, 중요한
단어 구조는 반복하여 학습시킨다.

제3장 독해 교수법

독해 교수법은 독해 수업 뿐만 아니라 회화 수업이나 작문 수업, 듣기 수업 등에서도 활용할 수 있으나 제 3장에서는 '독해'라는 교과목으로 개설된 독해 수업에서 활용할 수 있는 교수법을 소개하는데 초점을 맞추고자 한다.

독해 교수법은 일반적으로 교재에 따라 진행되며, 독해 능력은 얼마나 잘 이해하는가와 얼마나 빨리 이해하는가, 두 가지를 가지고 판별한다. 이러한 독해 능력을 향상시키기 위해서 아래에서는 다음의 내용을 소개하고자 한다.

- 교재에 맞춘 독해 연습
- 독해 이해 능력을 향상시키는 연습
- 독해 속도를 향상시키는 연습

물론 위에서 언급한 몇 가지 연습방법은 사실 엄격히 구분되지는 않는다. 그러나 보다 효율적인 독해 수업을 위해서 몇 가지 방법으로 구분하여 설명하고자 한다.

1. 교재에 맞춘 독해 연습

독해수업에 사용된 일반적인 교재는 대부분 본문, 새 단어, 문법

주석, 내용 주석으로 구성되어 있다. 따라서 독해 수업은 아래의 몇 가지 단계로 나누어 진행된다.

1) 독해 내용 소개하기

독해할 본문과 관련된 일련의 상황을 간단하게 소개해준다. 독해 내용 소개하기는 일반적으로 독해할 본문의 소재의 내용, 문체, 시대적 배경, 문화배경, 작가 등을 포함한다. 독해 내용 소개하기의 목적은 학습자에게 독해를 정확히 하기 위한 배경을 제공하고, 학습자의 흥미를 불러일으키기 위함이다.

2) 어법 포인트 학습하기

어법 포인트 학습하기에서는 새 단어 소개하기, 어법의 어려운 부분 간단하게 설명하기 등으로 구성된다.

독해 수업에서 어법 포인트 학습하기는 반드시 학습자 스스로 새로운 단어와 언어의 어려운 부분을 학습하는 능력을 길러야 한다는 것이다. 예를 들어 자전이나 사전, 중국어 어법교재 등을 활용하여 학습자 스스로 문제를 해결하는 능력을 배양하는 것이 중요하다.

3) 독해 수업 구성하기

독해수업 구성은 독해 수업의 주된 내용이며, 또한 학습자가 교수자의 지도 아래 독해능력을 키울 수 있는 중요한 단계이다.

학습자의 독해 능력을 기른다는 것은 독해 수업을 통하여 학습자

로 하여금 좋은 독해 습관이 길러지게 하여 점차 학습자 스스로 독해
과정 중 나타나는 문제들을 해결하는 방법을 배우도록 하게 하는 것
이다.

독해 수업 구성하기에서 교수자는 반드시 학습자의 적극성을 충분
히 불러 일으켜야 하고 가능한 한 참견하지 말아야 한다.

아래에서 루쉰의 〈孔乙己〉⁴⁾를 예로 들어보자.

---

4) 이 소설은 열두 살짜리 아이의 시각으로 전개된다. 그래서 이야기가 더 진
   실에 가깝게 느껴지고 강한 감화력을 가져다준다. 쿵이지는 과거에 급제하
   지 못해 수염이 희끗희끗할 때까지 제대로 된 직업을 가져본 적이 없다.
   더럽고 너덜너덜한, 적어도 10년은 깁지도 않고 빨지도 않은 장삼(長衫)을
   입고 있다는 서술에서 쿵이지가 여전히 지식인의 환상에서 벗어나지 못함
   을 알 수 있다. 쿵이지는 장삼을 입은 지식인의 그룹에도 들지 못하고, 그
   렇다고 짧은 옷을 입은 막일꾼 그룹에도 들려고 하지 않았다.
   서서 술을 마신다는 말에서 쿵이지는 삶의 빈곤에 시달리고 있으며 사회
   적으로나 경제적으로나 이미 짧은 옷을 입은 막노동꾼과 다름없지만 본인
   은 지식인의 자존심을 지키려 하고 있음을 알 수 있다. 그리고 사람들과
   이야기할 때는 지(之), 호(乎), 자(者), 야(也)를 운운해서 사람들의 홍소를
   자아낸다. 하다못해 열두 살 먹은 점원까지도 쿵이지를 무시하면서 그의
   가르침에 입을 삐쭉 내밀고 저쪽으로 가버린다.
   그렇다고 쿵이지가 열심히 일을 하는 것도 아니다. 남들이 필사를 맡기면
   책, 종이, 붓, 벼루까지 행방불명이 되어 필사를 맡기는 사람이 없었다. 그
   래서 그는 도둑질을 하다가 들켜서 얼굴에는 상처만 늘어나고 나중에는
   다리까지 부러지게 된다. 하지만 아이들에게 열심히 글자를 가르치는 데서
   우리는 쿵이지가 착한 마음의 소유자임을 알 수 있다. 주변 사람들은 쿵이
   지를 도둑이라고 놀릴 때만 그에게 관심이 있고 그의 얼굴에 상처가 나든
   거인(擧人)한테 맞아 다리가 부러지든 또는 죽든 무관심이었다. 마지막으
   로 주점에 올 때 쿵이지는 이미 다리가 부러져서 손을 사용하여 거의 기
   다시피해서 왔다. 하지만 주인을 포함한 주점의 손님들은 "쿵이지, 자네
   또 도둑질했지!" 하며 놀려댔다. 가장 순진하다고 하는 아이마저도 사회의
   서열관념에 물들어 어른들과 마찬가지로 쿵이지를 무시하고 냉대했다. 수
   천 년 동안 유교의 봉건사상에 물든 중국인들은 인간에게 최소한의 존엄
   과 삶의 권리가 있다는 것을 알지 못하고 있다. 오히려 다른 사람의 고통
   을 즐기는 잔인한 인간들이었다. 루쉰은 「광인일기」에서 인육을 먹지 않은
   사람이 있는가? 아이들을 구하라고 외친 바 있다. 이런 측면에서 「쿵이
   지」는 「광인일기」의 연장선에 있다고 볼 수 있다.

(1) 먼저 몇 개의 기본적인 문제를 제시한다

기본적인 문제는 본문에 등장하는 인물, 주된 사건, 발생시간, 장소 등에 관한 것으로 본문 중에서 직접적으로 찾을 수 있는 문제들이다. 예를 들어 〈孔乙己〉 중에서는 아래의 몇 가지 질문을 먼저 제시할 수 있다.

(1) 故事发生在哪儿?　　이야기는 어디에서 발생되었는가?

(2) 故事里有几个主要人物?　　이야기 안에는 몇 명의 주요인물이 있는가?

(3) 他们都是做什么的?　　그들은 모두 어떤 일을 했는가?

(4) 孔乙己最后怎么样了?　　쿵이지의 마지막은 어떻게 되었는가?

(2) 독해시간 제한하기

학습자의 수준에 따라, 학습자가 최단시간을 정하여 빠른 속도로 분문을 독해하도록 한다.

중급 수준의 학습자는 대략 매 페이지(600자 정도)당 2-3분이 적당하다.

학습자가 읽은 후에는 위에서 제시한 문제에 대답하도록 한다.

(3) 심도 있는 문제 다시 제시한다.

학습자가 위의 문제에 대답하면, 다시 몇 가지 심도있는 질문을 제시한다.

예를 들면:

    (1) 孔乙已是什么人?   쿵이지는 어떤 사람인가?

    (2) 人们对孔乙已的态度怎么样? 사람들이 쿵이지에 대한 태도는
                                       어떠한가?

    (3) 孔乙已对孩子的态度怎么样? 쿵이지는 아이에 대해 어떤 태도
                                       인가?

    (4) 孔乙已是怎么死的?   쿵이지는 어떻게 죽었는가?

(4) 내용 총정리 정검

본문전체를 자세히 읽은 후, 교수자는 다시 몇 가지 본문 전체와 관련된 문제를 제시한다.

예를 들어:

    (1) 孔乙已的一生是怎么度过的? 쿵이지의 일생은 어떻게 지냈는
                                       가?

    (2) 孔乙已的品行怎么样?   쿵이지의 품행은 어떤가?

    (3) 鲁迅为什么写这样一个人物? 루쉰은 왜 이런 한 명의 인물을
                                       썼는가?

    (4) 你从这遍小说中看到了什么? 당신은 이 소설로부터 무엇을 보
                                       았는가?

위에서 소개한 이러한 독해 수업은 학습자들의 독해 속도를 향상 시키고 동시에 이해의 정도 또한 제고시킨다. 이런 방법을 사용할 때

는 본문 혹은 읽을거리를 학습자에게 미리 나눠주지 않고, 교육 현장에서 바로 나눠주어야 독해 능력 향상에 더 도움이 된다.

2. 독해 이해 능력을 향상시키는 연습

독해 능력 연습은 먼저 본문의 내용을 정확하게 이해할 수 있는 학습 능력을 키우는 것을 목적으로 삼으며, 그 다음으로는 정확하면서도 빠르게 독해하는 실력을 향상시키는 것을 목적으로 삼는다. 주로 초급 단계에서는 다소 속도가 늦더라도 주어진 텍스트의 내용을 정확히 이해하는데 교학의 중점이 놓인다면, 중·고급 단계에서는 정확하면서도 빠르게 독해해 낼 수 있는 실력을 향상시키는 것에 중점을 둔다.

아래에서는 우선 독해 이해 능력을 향상시키는 몇 가지 연습 방법에 대해서 소개하고자 한다.

1) 문제에 대답하기

학습자는 주어진 텍스트를 읽은 후, 교수자가 사전에 혹은 읽은 후에 제시한 질문에 대답한다. 이러한 방식으로 학습자가 정확히 내용을 읽었는지를 확인할 수 있는데, 이런 방법은 독해수업에서 자주 사용되는 연습 방법이다.

2) 올바른 답안 선택하기

어떤 문제에 대해 교수자가 3-4개의 보기를 주고, 학습자에게 텍스트를 읽은 후 자신이 이해한 것을 근거로 하여 보기 중에서 정확한 내용을 선택하도록 요구한다. 이런 연습에서는 제법 어려운 단어와 어려운 문장을 포함시킬 수도 있다. 예를 들어:

"不管工厂也好, 街道也好, 有事找她准没错。"

이 문장의 의미는:
(1) 有事去工厂或街道一定能找到她。
일이 있으면 공장 혹은 사무실에 가면 반드시 그녀를 찾을 수 있을 것이다.
(2) 工厂和街道有事一定要找她。
공장과 사무실은 일이 있으면 반드시 그녀를 찾아라.
(3) 无论是工厂还是街道有事找她帮忙, 她一定会高兴地答应。
공장이나 사무실을 막론하고 일이 있으면 그녀를 찾아 도움을 받아라, 그녀는 반드시 기쁘게 도와줄 것이다.

이상의 세 가지 보기 중에서 세 번째가 정확한 답이다.

3) 옳고 그름 판단하기

텍스트에서 언급한 내용에 대해서 학습자에게 올바른지 아닌지를 판단하게 한다.
교수자는 텍스트의 의미를 몇 개의 문장으로 재구성하여 제시하는데, 일부 문장은 텍스트의 내용과 부합하고 일부 문장은 텍스트의 내용과 부합하지 않을 수 있다. 다만 위의 '올바른 답안 선택하기'와 다른 점은 제시된 문장들이 텍스트에서 그대로 언급된 것들이 아니라, 학습 자들이 텍스트의 내용에 대한 이해를 바탕으로 제시된 몇 개의 문장과 그 내용이 부합하는가를 판단해 내야 한다는 것이다. 예를 들어 :

〈第二次考试〉5)을 읽고 판단하기 :
(1) 苏林教授是一个有国际声誉的教授。
苏林교수는 국제적인 명성을 가지고 있는 교수이다.
(2) 第二次考试陈伊玲考得很不理想。
두 번째 시험에서 陈伊玲의 시험은 매우 만족스럽지 않다.
(3) 苏林教授深深被陈伊玲的品质所感动, 快定让她再考一次。
苏林교수는 陈伊玲의 인성에 깊게 감동받았고, 그녀가 다시 시험 보도록 결정했다.

---

5) 苏林교수는 성악 전문가이다. 陈伊玲은 1차 시험에 성공적으로 합격했고, 2차 시험은 일주일 후에 시행한다. 합격 여부는 여기에 달려 있고, 매우 중 요한 시험이다. 陈伊玲은 2차 시험에 참가하는 마지막 사람이었다. 하지만 목소리가 매끄럽지 않았고, 듣기에 좋지 않았다. 陈伊玲은 주눅이 들어 당 황했다. 사람들은 심지어 그녀의 생활 스타일에 신중하지 못한 부분이 있 는지 의심할 정도였다. 좌중은 숨죽인 채 질문과 궁금증을 자아내는 눈으 로 그녀를 바라보았다. 그녀는 모두에게 미안한 웃음을 지어 보였다. 그리 고 난 뒤 빠르게 걸어 나갔다. 그 후 苏林교수는 陈伊玲의 태도에 매우 화 가 났다. 그리고 심사위원들의 의견은 두 종류로 나누어 졌다. 기회를 다시 주자는 것과 그녀의 목소리가 원래 안정적이지 못하다는 의견이었다. 苏林 교수의 의견은 왜 陈伊玲이 1차, 2차 때 시험의 격차가 그렇게 나는지에 대한 원인에 대해 의문이 들었다. 그래서 苏林교수는 陈伊玲의 집에 찾아 가게 되고 거기서 陈伊玲의 동생과 마주치게 된다. 그리고 동생으로부터 그녀는 열성적이고 열렬한 사람이고, 이삼일 전에 태풍으로 인해 전선에 불 이 붙어 재해 구제에 참여하느라 밤새 잠을 자지 못했는데, 그 다음 날이 바로 2차 시험을 치르러 가는 날이었고, 시험에 응시했다는 것 이었다. 이 것이 바로 지나간 과정이었다. 그래서 苏林교수는 그녀의 두 번째 시험은 이미 합격한 것이고, 그녀는 훌륭한 가수가 될 만한 충분한 조건이 있다고 말했다.

위의 세 개의 문장과 본문 〈第二次考试〉의 내용은 무관하지 않다. 그러나 첫 번째 문장은 정답이라고 할 수 없다. 왜냐하면 본문에서는 苏林교수를 국제적인 명성을 가진 교수라고 언급하지는 않았기 때문이다.

두 번째 문장과 관련해서는 본문에서 길게 설명하고 있지만, 이를 요약해 본다면 결국 陈伊玲의 2차 시험 결과가 만족스럽지 않다는 내용이 된다. 따라서 두 번째로 제시된 문장은 맞는 문장이다.

세 번째로 제시된 문장의 앞부분은 본문과 완전히 부합하지만, 그녀에게 시험을 한 번 더 치게 한 것이 아니라 그 자리에서 그녀를 합격시키기로 결정했다. 따라서 세 번째 문장 또한 정답이라고 할 수 없다.

이런 형식의 옳고 그름 판단하기 문제는 학습자가 텍스트의 내용을 얼마나 정확하게 이해했는가를 점검할 수 있는 기회가 될 뿐만 아니라, 이러한 과정을 통하여 학습자의 독해 수업에 대한 흥미를 불러일으킬 수도 있다.

4) 빈칸 채우기

한 단락의 본문 중에서 어떤 단어를 뽑아 빈칸을 만든다. 그 다음 하나의 빈칸에 세, 네 개의 선택단어를 제공하고, 학습자에게 자기의 이해에 근거하여 하나의 적절한 단어를 선택하여 기입하게 한다. 예를 들어 :

早晨五点多钟, 马路上来往的人还不多。一位五十多岁的老大娘正在扫地。忽然, 一个留着头发, 穿得很_____的小伙子, 推着一辆自行车走了_____老大娘正低着头看着地上，不_____把土场到小伙子的裤子上。她连忙_____起头，对小伙子说："对不起，_____对不起！"

새벽5시쯤, 길에 다니는 사람은 아직 많지 않다. 50살 정도 되는 늙은 아주머니가 바닥을 청소하고 있다. 갑자기 긴 머리를 길게 기르고 옷을 매우 --- 하게 입은 젊은이가 자전거를 밀며 걸어왔다 ---. 늙은 아주머니는 고개를 숙인 채 땅 위만 바라보았다. -- 하지 않은 흙이 젊은이의 바지 위에 흩날렸다. 그녀는 얼른 --- 머리를 들며, 젊은이에게 말했다. "미안해요, ---- 미안해요!"

1. a. 漂亮 b. 美丽 c. 美好 d. 优美 (a)
2. a. 来 b. 过来 c. 过去 d. 起来 (b)
3. a. 看见 b. 知道 c. 小心 d. 细心 (c)
4. a. 抬 b. 举 c. 转 d. 提 (a)
5. a. 多么 b. 真正 c. 特别 d. 实在 (d)

(《汉语水平考试大纲》에서 인용)

5) 표 채우기

제시된 자료를 읽고, 이에 근거하여 표의 빈칸을 채워 넣는다. 예를 들면:

这是近5年来高中毕业生升入大学的升学率：

1984年我国共有高中毕业生1898000人，升入大学426854人，升学率为4.45%。1985年高中毕业生1966000人，升入大学499292人，升学率为3.94%。1986年高中毕业生2240400人，升入大学538844人，升学率为4.16%。1987年高中毕业生2467800人，升入大学596661人，升学率

为4.14%。到了1988年高中毕业生2505600人，升入大学694842人，升
学率为3.61%。

从以上统计可以看出，考大学的形势是相当严峻的。为了孩子上大
学，家长不知要花费多少心血！

(《中国家常》130페이지에서 인용)

이것은 최근 5년 동안 고등학교 졸업생의 진학한 대학의 진학률이
다 :

1948년 우리국가가 공유한 고등학교 졸업생은 1,898,000명이고, 진
학률은 3.94%이다.

1986년 고등학교 졸업생은 2,240,400명이고, 대학에 진학한 사람은
538,844명이고, 진학률은 4.16%이다. 1987년 고등학교 졸업생은
2,467,800명이며, 대학에 진학한 사람은 596,661명이며, 진학률은
4.14%이다. 1988년에 도달해 고등학교 졸업생은 2,505,600명이며,
대학에 진학한 사람은 694,842명이고, 진학률은 3.61%이다.

위의 통계로 대입시험을 보는 상황이 상당히 심각하다는 것을 발견
할 수 있다. 아이를 대학에 다니게 보내기 위해서, 가장은 알게 모
르게 얼마나 많은 심혈을 기울여야 하는가!

1984~1988年高中毕业生升学统计表
(1984~1988년 고등학교 졸업생의 진학률통계표)

年份 연도	高中毕业生 고등학교졸업생	大学录取 대학입학	升学率 진학률
1984	1,898,000	426,854	4.45%
1985	1,966,000	499,292	3.94%
1986	2,240,400	538,844	4.16%
1987	2,467,800	596,661	4.14%
1988	2,505,600	694,842	3.61%

3. 독해 속도를 향상시키는 연습

독해 속도는 독해 능력을 구성하는 한 요소이다. 독해 속도를 향상시키는 연습은 독해 능력에서 매우 중요한 요소이며 소홀히 해서는 안 되는 부분이다.

아래에서는 독해 속도를 향상시키는 몇 가지 연습 방법을 소개하고자 한다.

1) 독해 단위를 확대하는 연습

외국어 학습을 시작할 때 학습자는 일반적으로 단어 하나하나 혹은 한 글자 한 글자씩 읽는 경향이 있다. 만약 학습자가 계속 이러한 방법으로 독해 연습을 한다면, 독해 속도를 향상시키기 어렵다. 학습자의 독해 속도를 높이기 위해서는 독해하는 단위를 끊임없이 확대해가는 것이 필요하다. 즉 처음에는 한 글자, 한 글자씩 읽다가 점차 읽는 단위를 확대하여 한 단어 한 단어, 한 문장 한 문장으로 확대하여야 하는 것이다.

아래의 연습은 학습자의 독해 단위를 확대시켜 줄 수 있다.

(1) 구 혹은 문장 구분하기

유사한 구형의 구 혹은 문장들을 나열한 뒤, 한 줄씩 빠른 속도로 읽어나간다. 다 읽은 후에 간단한 질문에 대답한다.

예 1　　**아래 구를 읽으시오**

在饭店	식당에서
在友谊宾馆	우의호텔에서
在北京语言学院	북경어언대학에서
在一个美丽的公园	아름다운 대공원에서
在学院北边的大操场	대학교의 북쪽에 대운동장에서
在学院宿舍区的小卖部里	학교기숙사 구역의 조그마한 가게에서

독해시간 : 10초
읽고 난 후 답을 택하시오.

这些词组表示的是　　　　　　　이러한 詞組들이 나타내는 것은……

a. 东西。	물건
b. 地点。	장소
c. 时间。	시간

예 2　　**아래 문장을 읽으시오**

昨天是星期天。	어제는 일요일이다.
我打网球了。	나는 테니스를 쳤다
我去商店买了一些东西。	나는 상점에 가서 물건을 샀다.
下午我睡觉了，睡了两个钟点。	오후에 나는 두 시간 정도 잤다.
晚上我跟朋友一起吃饭。	저녁에 나는 친구와 같이 밥을 먹었다.
吃完晚饭我看录像。	저녁을 다 먹고 나는 녹화영상을

	봤다.
十点种洗完澡就睡觉了。	10시쯤 다 씻고 바로 잤다.

독해시간 : 8초
읽고 난 후 답을 택하시오.

昨天你没做什么?	어제 당신이 하지 않은 것은?
a. 打网球	테니스를 하다
b. 洗澡	목욕하다
c. 吃饭	밥 먹다
d. 做作业	숙제 하다

(2) 문장성분으로 탑 쌓기

글을 점차 넓히며 문장 성분을 중심으로 탑 모양으로 만든다. 학습자가 읽을 때 한 줄씩 읽게 하고, 학습자의 독해단위를 문장성분 단위로 확대하게 하면, 단어마다 멈추는 습관에서 점차 벗어나온다. 예를 들면:

今年
春节那天
上海的三个最大的
图书馆里, 每天都挤满了人
春节
是中国最重要的
传统节日。那几天, 人们通常
都在家里休息。聊天, 打扑克, 或者
走走亲戚

看看朋友, 还是

大吃大喝一通, 但是

这些年轻人却更渴望知识

他们多数是业余大学的大学生

올해

춘절 그날

상해의 제일 큰 세 개의

도서관 안에, 매일 사람이 가득 차있다

춘절

은 중국의 제일 중요한

전통기념일이다. 그 며칠에 사람들은 보통

모두 집에서 휴식한다. 이야기하고, 카드놀이를 하거나 혹은

친척집에 간다.

친구를 보고, 아니면

진탕 먹고 마신다, 그러나

최근 젊은이들은 오히려 지식을 더 갈망한다.

그들 대부분은 과외대학(业余大学)[6]의 대학습자들이다.

(3) 문장성분별로 끊어 읽기

문장을 의미단위(문장성분)에 따라 몇 개의 부분으로 나누고, 부분과 부분 사이에 간격을 두어 구분한다. 연습할 때는 한 부분을 한 번에 다 읽을 것을 요구한다.

시작할 때는, 비교적 쉬운 내용의 텍스트를 선택하면 효과적이다.

---

6) 과외대학(业余大学)이란 업무 외의 시간에 자유롭게 수강하는 대학으로 방송통신대학 등과 같은 개념이다.

예를 들면 :

我叫赵宏，　　是北京经济学院的学生.　　十多年来　　我的生活
是从家门到效门，　　我的任务　　好像就是　　读书读书。　　虽然在
大学里　我接触了　　周围的很多老师和学生，　　但是仍然是在学校
里。　　我不知道　　我学的东西　　将来走入社会　　是不是有用，
也不知道　能不能　适应将来的生活。
我很想在学习期间　　就锻炼一下　　自己的社会活动能力，　　因此，
去给一个孩子　　当铺导老师。　　当时我的心情很不平静，　　因为
这是我第一次　　走上社会　　和别人打交道，　　第一次单独一个人
去做事。　　我很希望　　能够成功……

(내 이름은 赵宏이며，　　북경경제대학의 학생이다.　　10년　　동안
나의생활은　집에서 학교까지이다.　　나의임무는　　마치 이것이
다 책을 읽는 것.　　비록 대학교 안에서　　나는 교제한다　주변의
많은 교수자님과 학습자들，　　그러나 여전히 학교 안에 있다.
　나는 모른다　나의 학교 안에 있는 것이　　미래의 사회에 진입할
때 작용을 하는지 안하는지，　　또한 모른다.　　할 수 있는지 없는지
미래의 생활에 적응을.
나는 공부하던 시간이 그립다　　단련해라　　자신의 사회활동 능력
을, 그래서，　　한 학습자에게 가서 주어라　　과외 교수자가 되어.
　당시에 나의 마음은 매우 불안정했고，　　왜냐하면　　이것은 나의
첫 번 째 사회로의 진입　　그리고 다른 사람과의 교류，　　첫 번째
단독으로 혼자　가서 일을 한다.　　나는 매우 희망한다　　성공할
수 있기를 ……

⑷ 의미단위로 나누어 줄긋기

문장을 의미단위에 따라 사선을 그어 나눈다. 이는 의미단위의 간

격을 띄우는 역할을 하고, 학습자가 읽을 때 한눈에 한 부분을 읽게
한다.

이런 방법은 문장성분별로 끊어읽기 방법과 같다.

예를 들면 :

我辅导的 / 那个孩子 / 叫袁粒, / 小学五年级学生。/ 他的爸爸 / 是
当时 / 中国国家女子排球队的 / 教练袁伟民。/ 当我一个家庭老师
的身份 / 来到他家的时候, / 袁伟民带领的 / 中国女排 / 正忙于奥
运会前的 / 准备工作, / 很少回家。/ 袁粒的妈妈 / 工作也很忙, / 每
天 / 早出晚归顾不上 / 家里的事。/ 让袁粒过好暑假, / 同时在学习
上 / 也有提高, / 我想 / 这就是 / 我这个老师的任务把。

내가 과외 하는 / 그 아이 / 이름은 袁粒, / 초등학교 5학년의학습자
/ 그의 아빠 / 는 당시에 / 중국 여자국가 배구 선수팀의 / 감독袁伟
民。/ 당시에 나는 가정교수의 신분으로 / 그의 집에 도착했을 때 /
袁伟民이 인솔하는 / 중국 여자배구 / 올림픽 전이라 바쁘다 / 일을
준비하고, / 집에 돌아오는 일은 매우 적었다. / 袁粒의 엄마 / 일 또
한 매우 바쁘고, / 매일 / 아침 일찍 나가고 저녁 늦게 돌아와 돌볼틈
이 없다 / 집안의 일을. / 袁粒에게 여름방학을 잘 보내게 하고, / 동
시에 학업적으로 / 또한 향상시켜, / 나는 생각한다 / 이것이 바로 / 이
교수자의 임무라고.

독해단위를 확대하는 연습을 할 때 주의해야 할 것은 첫째, 학습자
의 수준에 적합한 독해자료를 선택해야 한다. 두 번째, 독해속도를
서서히 높혀 나가야 한다. 너무 서두르는 것은 학습자에게 부담을 주
어 학습효과를 떨어뜨린다. 세 번째, 학습자에게 집중을 요구하고,
반복하여 읽는 횟수를 줄이게 해야 한다.

제4장 작문 교수법

작문수업에서의 글쓰기는 일반적인 중국어 수업에서 말하는 듣기, 말하기, 읽기, 쓰기 중의 '쓰기'와는 조금 다르다. 작문수업에서 연습하고자 하는 것은 일정한 중국어 기초를 가진 학습자를 대상으로 중국어의 사유논리에 근거하여 한자 규범, 어법, 중국어 표현방식, 중국어 문체에 맞는 문장에 맞게 써내도록 하는 것이다.

중국어 작문수업은 아래의 몇가지 원칙을 따라야한다

첫째, 중국어 서면어 표현방식의 연습을 중시해야 한다. 작문수업에서, 한자, 단어, 어법연습을 주요 연습내용으로 삼지 않고, 학습자로 하여금 서면어의 문장구조, 연결방식, 표현양식, 문장부호 사용방법 등을 배우고 익히도록 해야 한다.

둘째, 읽기와 쓰기를 결합한다. 즉 작문 전에 학습자에게 한 두 개의 모범문장을 주고, 교수자는 학습자가 모범문장을 분석하도록 하며, 학습자에게 모범문장이 제공하는 표현방식에 근거하여 쓰도록 요구한다.

셋째, 작문내용은 구체적이어야 한다. 학습자가 글을 쓰기 전에 학습자에게 반드시 명확하게 제시하여, 학습자로 하여금 무엇을 쓰는지, 어떻게 쓰는지, 무엇을 주의해야 하는지 알게 하여야 한다. 예를 들어 "나의 선생님", "하나의 재미있는 사건" 같은 종류의 주제는 그 범위가 너무 넓어 작문하기에 불편하다.

　여기서는 작문연습을 아래의 몇 개의 단계로 나누어 소개하고자
한다.

- 기본연습단계
- 간단한 실용문 연습 단계
- 단락연습단계
- 한정된 내용 작문 단계

　물론 위의 단계들은 경계가 분명하게 나누어지지는 않지만, 대략
위의 순서대로 작문수업을 이끌어 나간다면 소기의 목적을 달성할
수 있을 것이다.

1. 기본연습단계

　이 단계에서는 본격적인 작문 수업에 앞서 작문과 관련된 기본적
인 내용에 대해서 학습한다.

1) 받아쓰기

　학습자가 교수자가 말하는 내용을 받아쓰는 것이다. 정독수업에서
도 받아쓰기연습을 활용할 수 있으나, 정독수업에서는 주로 단어와
문장을 중심으로 연습한다. 작문수업에서의 받아쓰기는 학습자로 하
여금 중국어 서면어의 감각을 증가시키고, 중국어 서면어의 특징을
이해하게 하는 것에 있다.

따라서 받아쓰기 과정에서, 교수자는 중국어 서면어의 표현방식, 연관방법, 문장부호 사용방법 등에 대해서 소개를 해야 한다. 예를 들어 학습자가 어느 부분에서 칸을 비워야하는지, 몇 칸을 비워야하는지, 어디서 줄을 바꿔야 하는지, 어떤 문장부호를 써야하는지에 대해서 정확하게 알려주어야 한다.

2) 그림보고 이야기쓰기

학습자는 그림, 예를 들어 지도, 엽서, 간략한 그림, 부호 등에 근거하여 한 단락의 글을 써내는 연습을 한다.

시작단계에서 이러한 연습은 일반적으로 교수자는 학습자로 하여금 여러 개의 서로 관련 있는 문장을 써내도록 지도한다. 작문의 내용은 그림의 내용과 자기의 생각을 포함하는 것이 가장 좋다. 이러한 연습은 학습자에게 간단한 묘사와 방법을 설명할 수 있도록 한다.

그림을 제시한 후, 교수자는 그림과 관련된 문제를 지시하며 학습자로 하여금 적합한 대답을 할 수 있도록 유도한다. 문제는 칠판에 적어도 되고 말로 해도 된다. 학습자가 대답을 하면 교수자는 어법적으로 틀린 부분을 수정해 준다.

학습자의 대답 과정에서 교수자는 학습자가 사용할 단어를 미리 칠판에 제시하여 학습자가 선택해서 사용하도록 유도한다.

학습자가 정확한 대답을 하면 학습자에게 대답한 내용을 글로 쓰게 한다.

그림보고 이야기쓰기 연습은 좋은 작문연습의 방법이다. 왜냐하면 일반적으로 간단한 내용과 줄거리를 가지고 있고, 학습자가 쉽게 이해하기 때문이다. 그러나 시작단계에서 학습자는 아마 정확한 줄거리를 쓰지 못할 것이다. 때문에 교수자는 필요한 단어와 접속사를 먼저 제시해 주어야 한다. 그리고 알맞은 문답연습을 하고, 학습자로 하여금 무엇을 쓸 것인지 명확하게 인식시킨 후 다시 작문을 진행하도록 한다.

3) 듣고 쓰기

학습자가 하나의 비교적 짧은 이야기나 한 단락의 이야기 혹은 한 편의 문장을 들은 후에 스스로 정리하여 자신이 이해한 것을 근거로 비슷한 한 편의 문장을 쓰는 연습이다.

듣고 쓰기는 학습자로 하여금 알맞은 중국어의 사유방식과 이에 상응하는 표현형식을 논리적으로 구성하게 하여 중국어 서면어에 익숙해지도록 하는 효과가 있다.

듣고 쓰기의 일반적인 순서는 다음과 같다.

먼저 상황에 근거하여 학습자에게 한 번에서 세 번까지 녹음을 들려주거나 교수자가 내용을 읽어준다. 학습자는 들으면서 간단하게 메모해야 하며 한번 들을 때마다 문장의 주요인물, 이야기의 대략적인 내용을 이해해야 한다. 두 번째 들을 때에는 문장의 시간순서와 단계를 명확히 알아야 하며 세 번째 들을 때에는 보다 완벽하게 이야기를 이해하고 원문에 나오는 주요 단어들을 메모해야 한다.

듣기 전 혹은 듣는 과정에서 학습자가 이야기의 내용을 더 잘 이해하고 내용을 기억하도록 돕기 위해서, 교수자는 중요한 단어를 판서할 수도 있다.

듣고 쓰기 연습에서는 짧은 이야기, 짧은 서술문, 짧은 평론, 한 통의 편지, 한 편의 우화 등 다양한 텍스트를 사용할 수 있다.

4) 번역하기

학습자는 모국어를 사용하여 문장을 쓰고 이후 중국어로 번역한다.

이런 방법은 학습자로 하여금 모국어와 중국어 서면어 표현상의 다른 점을 이해하게 하고, 중국어 서면어의 작문 규칙에 관한 지식을 습득하도록 도와준다.

2. 간단한 실용문 연습 단계

간단한 실용문이란 각종 서식, 서신, 실용 단문 등 학습자들이 학습하고 생활하는 가운데 자주 필요로 하는 간결한 문장을 말한다.

간단한 응용문 연습하기의 장점은 학습자들이 실생활에 필요한 실용적인 작문을 할 수 있으며, 이에 학습자들의 흥미를 불러일으키기가 쉽다는 점이다.

1) 수업 순서

실용문의 수업 순서는 일반적으로 아래와 같다.

1. 모범문장을 제시한다.
2. 학습자들과 함께 모범문장을 분석한다.
3. 학습자들이 제시된 실용문에 대해서 어느 정도 이해를 하면 교수자는 다른 상황이나 단어 등을 제시하여 학습자가 스스로 작문할 수 있도록 지도한다.

2) 실용문에서 흔히 볼 수 있는 형식

초급 단계에서는 아래와 같은 실용문을 대상으로 학습할 수 있다.
- 표 기입하기

은행 인출신청서, 소포 명세서 등을 활용하여 학습자들로 하여금 중국어 서식에서 흔히 볼 수 있는 항목과 내용을 기입할 때 주의해야 할 사항을 학습한다.
- 편지와 봉투 쓰기
- 결석계, 차용증, 영수증, 소개서, 간단한 쪽지, 위탁증, 추천서 등 간단한 문장 쓰기를 연습한다.
- 축하 편지, 감사 편지, 의견서, 위문 편지, 초대장, 신청서, 이력서 등을 작문하도록 유도한다.

3. 단락 연습단계

단락 연습은 학습자들이 중국어 작문을 공부할 때 반드시 거쳐야 할 단계이다.

이 단계의 학습 목표는 중국어 작문의 특성을 이해하여 우선 각 부분별 문장을 정확히 해석하고, 이를 중국식 사유방식 혹은 중국식 글쓰기 방식에 맞추어 순서를 재배열하는 능력을 향상시키는 데에 있다. 몇 가지 방법을 소개하면 아래와 같다.

1) 문장 배열하기

한 단락안의 여러 문장의 순서를 섞어놓고 학습자들로 하여금 순서에 맞게 다시 배열하도록 하는 것이다.

예를 들어 :

⑴ 在长达70年的文学生涯中，她创作和翻译了一大批诗歌，小说，散文和儿童文学作品，为中国现代文学的发展做出了不可磨灭的贡献。

70년의 문학 생애에서 그녀는 대량의 시가, 소설, 산문과 아동문학 작품을 창작하고 번역했고, 중국현대문학발전을 위해 영원히 사라지지 않을 공헌을 했다.

⑵ 上个月，在北京举办了"冰心文学创作生涯70年展览"。

지난달, 북경에서 "冰心 문학창작 생애 70년 전람회"를 개최했다.

⑶ 如今，作为中国文坛"老寿星"，她已发表了100余篇小说，散文和评论文章。

현재 중국문단의 원로로써, 그녀는 100여 편의 소설, 산문과 평론문장을 발표했다.

⑷ 冰心，是我国著名作家，也是五四新文化运动的元老之一。

冰心은 우리나라의 유명한 작가로, 5·4 신문학운동의 원로중 하나이다.

정답 : (4),(1),(3),(2)

2) 단락 구분하기

학습자들에게 단락을 나누지 않은 텍스트를 제시한 뒤 내용에 근거하여 하나의 텍스트를 몇 개의 자연스러운 단락으로 나누게 한다.

문장의 종류에 따라 단락을 나누는 기준이 조금씩 다르기 때문에 논설문과 수필 등 문체에 따라 여러 텍스트에 대한 연습을 진행하여야 한다.

3) 단락을 제시하여 주제문 쓰기

학습자들에게 한 단락의 텍스트를 주고, 단락의 내용에 근거하여 주제문을 쓰도록 한다. 일반적으로 논설문은 주제문이 하나씩 있는데 대게 문장의 첫머리에 온다.

예를 들어 아래 단락에 주제문을 넣어 보자.

----------------- 。打网球, 我不会 ; 踢足球, 打排球, 我也不成。既跑不快, 又跳不远, 跳不高。这些运动, 我都学过。可是不成。因此, 我对于运动, 有狐狸对于葡萄同样的感想。当然, 在小时候, "游泳" 是我连做梦也不敢想的事。

(——. 나는 테니스를 못친다. ; 축구, 배구도 나는 못한다. 뛰는 것도 빠르지 않고 뜀뛰기도 멀지않고, 높지 않다. 이러한 운동을, 나는 모두 배운 적이 있다. 그러나 못한다. 왜냐하면, 나는 운동에 대해서, 포도에 대한 여우와 같은 느낌이 있기 때문이다. 당연히, 어릴 적 수영은 꿈꾸는 것조차도 감히 생각할 수 없는 일이다.)

교수자는 문제를 제시하여 학습자가 주제문을 정확히 작문할 수
있도록 진행한다.

師 : 这一段文字都跟什么有关系呢? 이 글은 모두 무엇과 관련 있는
　　가?
生 : 运动。운동
师 : 这段文字说的是"我"什么时候的事情? 이 글이 말하는 것은
　　"나"의 어느 때의 이야기인가?
生 : 是"我"小时候的事请。"나"의 어렸을 때의 이야기이다.
师 : 那时"我"会不会运动呢? 저때의 "나"는 운동을 할 줄 아는가?
生 : 不会。못한다.
师 : 有没有一种运动是我会的呢? 내가 할 줄 아는 운동이 있는가?
生 : 没有。없다.
师 : 那么, 这一段主要说的是什么呢? 그러면, 이 글에서 주요하게
　　말하는 것은 무엇인가?
生 : 我小时候, 什么运动也不会。내가 어릴 때, 어떠한 운동도 못한
　　다는 것이다.

4. 내용 제한해서 쓰기

이 단계에서는 주어진 장면, 조건, 내용에 근거하여 한편의 문장을
작문하는 능력을 연습한다.

1) 요점 배열하기

학습자가 작문연습을 시작하기 전에 교수자는 학습자가 분석해야

할 내용에 대해서 문장의 요점을 열거하고 작문 할 때 필요한 문장의 구조를 제시한다. 학습자는 이를 근거로 하나의 텍스트를 대상으로 자신이 작문한 요점을 순서대로 배열하는 연습을 진행한다.

2) 사진, 그림, 영화, 슬라이드 등 형상성 교재 묘사하기

이런 연습은 학습자에게 풍부한 상상의 여지를 주고, 재료나 소재의 선택이 적합하다면 학습자의 작문에 대한 흥미를 불러일으킬 수 있다. 예를 들어 〈骆驼祥子〉영화를 보고 난 뒤 한편의 글을 쓸 때 아래의 순서를 채택할 수 있다.

(1) 영화보기

줄거리가 명확하고 쉽게 이해할 수 있는 배경 혹은 내용이어야 학습자에게 비교적 정확한 정보를 제공할 수 있다.

(2) 작문 제시하여 진행하기

교수자는 몇 개의 문제를 제기하여 학습자가 작문할 때 주의하게 한다.

1. 祥子大约多大年纪? 身体怎么样? 他生活的时代和地方? 他是干什么的?
상자는 대략 몇 살인가? 건강은 어떠한가? 그가 생활한 시대와 지방은? 그는 뭐하고 있는가?

2. "骆驼" 这个外号是怎么来的? 是什么意思?

"낙타"라는 별명은 어떻게 생겼는가? 무슨 뜻인가?

3. 简单讲讲他跟虎妞的结婚经过。虎妞是干什么的? 她对祥子怎么样? 祥子喜欢她吗?

그와 虎妞의 결혼과정을 간단히 말해보아라. 虎妞는 뭐하고 있는가? 그녀는 상자에 대해 어떠한가? 상자는 그녀를 좋아하는가?

虎扭的父亲刘四爷同意他们的婚事吗?

虎扭의 아버지 刘四爷는 그들의 결혼을 동의했는가?

他们结婚后住在哪儿? 幸福吗?

그들은 결혼 후 어디에서 사는가? 행복한가?

结婚用了谁的钱?

결혼은 누구의 돈을 썼는가?

4. 祥子第二次买车和卖车的经过。虎妞是怎么死的? 祥子的身体怎么样? 情绪怎么样?

상자는 차를 사고 차를 파는 과정을 두 차례 했다. 虎妞는 어떻게 죽었는가? 상자의 건강은 어떠한가? 정서는 어떠한가?

5. 你觉得祥子的命运怎么样? 你喜欢他吗? 为什么?

너의 생각에 상자의 운명은 어떠한가? 너는 그를 좋아하는가? 왜 그런가?

(3) 문제를 제기한 후에 학습자는 이해하지 못한 문제 혹은 알지 못하는 부분을 토론하여 이해력을 향상시킬 수 있으며, 모두 함께 감상과 자신의 의견을 말할 수 있도록 한다.

3) 문제에 근거하여 문장쓰기

교수자는 제시된 텍스트 혹은 영상의 내용에 근거하여 교수자가 제출한 문제에 대해서 학습자가 정확한 답안을 작문할 것을 요구한다.

4) 상황 설정하기

학습자는 교수자가 제시한 상황에 맞는 문장을 작문한다.

예를 들어, 개인 편지를 쓰도록 가르치는 수업 중에 교수자는 몇 개 장면을 제시할 수 있고, 학습자는 하나를 선택하여 쓰도록 한다. 예를 들면 다음과 같다.

> 想给你中学的汉语老师写一封信。他教过你三年汉语。这是你上大学以后第一次给他写信。你现在刚旅行回来，你想告诉他你旅行中的情况。请你主要写出你印象最深的一件事、一种情况或一个人。
> 너는 중학교의 중국어선생님에게 편지한통을 쓴다고 생각해라. 그는 너에게 3년 동안 중국어를 가르쳤다. 이것은 네가 대학교에 들어간 이후 제일 처음 그에게 편지를 쓰는 것이다. 너는 현재 방금 여행에서 돌아왔다. 너는 그에게 네가 여행 중의 이야기를 알려주고 싶다. 너는 네가 가장 인상적인 한 사건, 상황 혹은 사람을 써야한다.

참고문헌

강승혜. 1999. 〈외국어 교수법 이론의 비판적 검토〉《연세교육연구》12.1: 131-153.

강승호·김명숙·김정환·남현우·허숙. 1996.《현대 교육평가의 이론과 실제》서울: 양서원.

강춘화. 1997. 〈慣例를 통해 본 中国语 교수법 연구〉《교육연구》7.

고창수. 2009. 〈스토리텔링 기법을 응용한 설득 글쓰기 전략〉《우리어문연구》33:453-468.

김종서·이영덕·황정규·이홍우. 1992.《교육과정과 교육평가》서울: 교육과학사.

김진아. 2002.《나는 중국어로 꿈을 꾼다》서울: 중앙M&B.

김진우. 1985.《언어》서울: 탑출판사.

남성우 외. 2007.《언어교수이론과 한국어교육》서울: 한국문화사.

노먼 제리(Norman, Jerry). 1996.《중국언어학총론》(전광진 역) 서울: 동문선.

누난 데이비드(Nunan, David). 2003.《제2언어 교수학습》(임명빈·한혜령·송해성·김지선 역) 서울: 한국문화사.

도정훈 외. 2003.《외국어·국제계열 교육과정 운영 자료》서울: 교육인적자원부.

루이스 마이클(Lewis, Michael). 2002.《어휘접근법과 영어교육: 영어교수의 현상과 진보》(김성환 역) 서울: 한국문화사.

린 앤후이. 2010.《중국어 말소리》(엄익상·이옥주·손남호·이미경 역) 서울: 한국문화사.

맹주억·박윤철·강준영. 2005.《고등학교 중국 문화》서울: 교육인적자원부.

박경자·강복남·장복명. 2003.《언어교수학》서울: 박영사.

박덕준. 2002. 〈중국어 어휘력의 신장을 위한 교수법〉《중국언어연구》

15:437-460.

박동호. 2003. 〈외국어 교수법과 외국어 교육〉《비교문화연구》6:43-55.

박용진. 2001. 〈汉语教学 研究方法정립을 위한 试论〉《중국어문학논집》
18:241-260.

박용진. 2003. 〈대비분석을 통한 중국어 부사'才'의 어법 포인트 연구(1)-모
국어가 한국어인 중국어 학습자의 관점에서〉《중국어문학논집》
25:237-254.

박용진. 2005a. 〈중국어의 묵독에서의 의미군 끊어 읽기에 대한 연구〉《중국
어문학논집》30:89-114.

박용진·김선정·임성준·임경희(공역). 2005. 《현대중국어 교육어법 연구》
서울: 학고방.

박종한. 1996. 《중국어교육론》미출판 자료.

박종한. 2002. 〈중국 문화 교수 방법에 대한 연구〉《중국언어연구》14:329-
351.

배두본. 2002. 《영어교육학 총론》서울: 박영사.

배두본. 2006. 《외국어 교육 과정론》서울: 한국문화사.

배영주. 2005. 《자기학습과 구성주의》서울: 원미사.

배재석·윤창준. 2004. 〈한국 한자어와 중국어 어휘의 어의, 형태론적 비교
연구〉《이중언어학》25:93-112.

변수경. 2003. 〈중국어 교육에서의 영화 활용 방안 연구〉《이화교육논총》13:
459-477.

브라운 더글라스(Brown, H. Douglas). 2001. 《원리에 의한 교수》(제2판) (권
오량·김영숙·한문섭 역) 서울: Pearson Education Korea.(원저 2001
출판)

서은정. 2006. 〈멀티미디어를 활용한 중국어 교수방안 및 학습효과 연구〉경
기대학교 교육대학원 석사 논문.

성태제. 2010. 《현대교육평가》서울: 학지사.

송지현. 2002. 〈현대 중국어의 신조어와 유행어 유형분석〉《중국어문학논
집》21:329-362.

신승희. 2004. 〈교육대학원의 중국어교육 연구현황과 과제〉《중국언어연구》

19:465-490.

신지언. 2008. 〈중국어 어휘 교육 방안 고찰-《现代汉语规范词典》"提示"항목 분석을 중심으로〉《중국어문학논총》53:141-164.

심소희. 1999. 〈한국인의 중국어 문장 끊어 읽기에 대한 고찰〉《중국언어연구》8:213-239.

양오진. 2003. 〈중국어 기초어휘 연구〉《새국어생활》13.3:1-8.

양오진. 2005. 〈중국어 기초어휘·상용어휘와 단계별 어휘 교육에 대하여〉《중국언어연구》20:117-142.

엄익상. 2002. 《중국언어학 한국식으로 하기》서울: 한국문화사.

엄익상. 2003. 〈중국어와 한국어의 유형학적 비교〉《중어중문학》33:153-184.

엄익상. 2005. 〈정확한 중국어 발음과 효과적인 지도 방안〉《중국언어연구》20:323-355.

엄익상. 2007. 〈중국어 음성학·음운론 관련 한국어 용어의 문제〉《중국문학》52:247-265.

엄익상. 2009. 〈한국인용 중국어 교재 편찬을 위한 제안〉《중어중문학》44:513-531.

엄익상. 2011. 〈의사소통을 위한 듣기 지도 이론과 수업 설계〉《중국과 중국학》13:61-83.

엄익상·박용진·최병권·박신영. 2005. 《중국어 교육 어떻게 할까》서울: 한국문화사.

윤옥한. 2004. 《명강의 교수법》서울: 학지사.

이옥주. 2007. 〈멀티미디어와 중국어 교육-교실 수업에서 활용되는 멀티미디어의 학습효과에 대한 학습자의 인식 연구〉《중국어문학지》25:581-624.

이옥주. 2008. 〈중국어교수자의 멀티미디어 교수매체에 대한 인식과 활용연구〉《중국어문학지》27:247-297.

이옥주. 2009. 〈담화적 맥락에서 말하기-PSOLA 알고리듬을 통한 말하기 연습 프로그램 모형의 제시〉《중국어문학지》31:285-308.

이재돈·심소희·모해연·최려홍. 《기본중국어》서울: E·Press.

임지룡 공저. 2005. 《학교문법과 문법교육》서울: 박이정.

장신재. 1983. 〈외국어 교수법 이론의 현실적용〉《홍대논총》15:351-364.

정 진취앤. 2002.《현대중국어 생성음운론》(엄익상 역). 서울: 학고방.

정혜승. 2004. 〈국어 교과서 평가방안 연구〉《국어교육학연구》21:433-476.

정희모. 2005. 〈대학 글쓰기 교육의 현황과 방향〉《작문연구》1:112-136.

조항록 · 강명순 · 강승혜 · 김제열 · 허용. 2003.《예비교사 현직교사 교육용
　　교재개발(한국어 세계화 기반 구축을 위한 2003년도 한국어 국외보급
　　사업)》문화관광부: 한국어세계화재단.

조현용. 2000.《한국어 어휘교육 연구》서울: 박이정.

주영주 · 최성희. 2005.《교수매체의 제작과 활용》서울: 남두도서.

최병선. 2009. 〈글쓰기의 평가 기준 연구〉《한국언어문화》38:393-411.

최영애. 1998.《중국어란 무엇인가》서울: 통나무.

최영호. 1998. 〈중국어 교과 수행평가 모형 개발〉중국어 교사 · 교수 가톨릭
　　대모임.

카터 로날드(Carter, Ronald). 1998.《어휘론의 이론과 응용》(원명옥 역). 서
　　울: 한국문화사.

크라센 스테판(Krashen, Stephen). 2000.《외국어 교육 이론과 실제-학습인
　　가, 습득인가?》(김윤경 역) 서울: 한국문화사(원저 1995 출판).

KICE 교수학습개발센터 홈페이지 http://www.classroom.re.kr

국가교육과정 정보센터 http://ncic.kice.re.kr/

한국중국어교사회 http://ccroom.net

郭熙. 2002. 〈理论语发与教学语发的衔接问题〉《汉语学习》4:58-66.

国家汉语水平考试委员会办公室考试中心. 2001.《汉语水平词汇与汉字等级
　　大纲》(修订版) 北京: 经济科学出版社.

金美顺. 2005.《现代汉语兼语句之语发研究与教学设计:以韩籍学习者为例》
　　国立台湾师范大学华语文教学研究所 硕士论文.

邓守信. 2009.《对外汉语教学语发》(修订版) 台湾: 文鹤出版社.

邓炎昌 · 刘润清. 1989.《语言与文化》北京: 外语教学与研究出版社.

罗青松. 1998.《汉语写作教程》北京: 华语教学出版社.

罗青松. 2002. 《对外汉语写作教学研究》北京: 中国社会科学出版社.

鹿荣. 2005. 〈教学语发体系的建立与发展回顾〉《阜阳师范学院学(社会科学版)》
　　2:23-26

刘珣. 2000. 《对外汉语教育学引论》北京语言大学出版社.

刘钦荣·杜鹃. 2004. 〈论教学语发的性质和特点〉《通化师范学院学报》3:95-97

李明·石佩雯. 1993. 《汉语普通话语音辩正》北京: 北京语言大学出版社.

李森岭. 2002. 《普通话语音训练教程》北京: 北京大学出版社.

李泉. 2006. 《对外汉语教学学科理论研究》北京: 商务印书馆.

北京大学 中文系 现代汉语教研室. 1993. 《现代汉语》北京: 商务印书馆.

北京大学中文系. 2003. 《现代汉语专题教程》北京: 北京大学出版社.

北京大学中文系现代汉语教研室. 2004. 《现代汉语》(重排本) 北京: 商务印
　　书馆.

徐世荣. 1980. 《普通话语音知识》北京: 文字改革出版社.

徐子亮·吴仁甫. 2008. 《实用对外汉语教学法》台北: 新学林.

邵敬敏主编. 2001. 《现代汉语通论》上海: 上海教育出版社.

宋樂永. 2000. 《初级汉语读写教程》北京: 北京语言大学出版社.

宋欣桥. 2004. 《普通话语音训练教程》北京: 商务印书馆.

杨寄洲. 1999. 《对外汉语教学初级阶段教学大纲》北京: 北京语言文化大学出
　　版社.

杨寄洲·崔永华. 1997. 《对外汉语课堂教学技巧》北京: 北京语言文化大学出
　　版社.

杨惠元. 1996. 《汉语听里说话教学法》北京语言学院出版社.

杨晓黎. 2009. 《对外汉语实习教程》合肥: 安徽大学出版社.

严翼相. 2006. 〈汉语辅音教学中正音与正名的问题〉《中国文化研究》9:137-149

严翼相. 2009. 〈编写对韩汉语教材的提案〉《2009应用语言学暨语言教学国际
　　研讨会论文集》台北: 文鹤出版社.

吴宗济. 1991. 《现代汉语语音概要》北京: 华语教学出版社.

王晓光. 2002. 〈在甲级字解析基础上的对外汉字教学构想〉《语言研究》1:222-225

殷作炎. 1982. 〈关于普通话双音常用词轻重音的初步考擦〉《中国语文》168:168-
　　173.

张斌. 2002. 《现代汉语》上海: 復旦大学出版社.

张雁·董业明·王智慧. 2003. 《听说训练教程》青岛: 中国海洋大学出版社: 168-173.

张静贤. 2004. 《汉字教程》北京: 北京语言大学出版社.

赵金铭. 1998. 〈论对外汉语教材评估〉《语言教学与研究》3:4-19.

曹文. 2000. 《汉语发音与纠音》北京: 北京大学出版社.

周小兵. 2009. 《对外汉语教学入门》(第二版) 广州: 中山大学出版社.

周殿福. 1957. 《声母和韵母》上海: 新知识出版社.

陈俊光. 2007. 《对比分析与教学应用》(修订版) 台北: 文鹤出版有限公司.

陈海洋. 1991. 《中国语言大学辞典》南昌: 江西教育出版社.

崔永华. 1998. 《词汇文字研究学对外汉语教学》北京: 北京语言文化大学出版社.

崔永华·杨寄洲. 2002. 《汉语课堂 教学奇巧》北京: 北京语言文化大学出版社

叶德明. 1999. 《华语文教学规范与理论基础》台北: 师大书苑.

黄沛荣. 2006. 《汉字教学的的理论与实践》台北: 乐学书局.

나오는 말

한국인 교수자가 한국인을 대상으로 중국어를 가르치는 일은 그리 간단한 일이 아니다. 또한 한국인 교수자의 중국어 구사능력이 아무리 높아도 중국어를 교육하는 것과는 별개의 문제일 수도 있다. 그만큼 중국어 교수법은 중국어 교육 현장에서 중요하다는 의미이기도 하다.

들어가는 말에서도 언급했듯이 현재 대학의 중국어 교육 현장에서는 중국어 교수법에 대한 심각한 고민은 찾아보기 어렵다. 그 이유는 여러 가지가 있겠으나, 중국어 교수자 스스로가 중국어 교수법에 대한 교육을 받지 않았기 때문인 경우가 많다고 볼 수 있다.

필자 역시 중국어 교수법에 대한 사전 교육 없이 중국어 교육현장에 진입하였고, 해마다 많은 시행착오를 거치면서 강의를 해오고 있음을 인정한다.

이에 스스로에 대한 반성과 현재 중국어 교육을 담당하고 있는 중국어 교수자에게 조금이나마 도움이 되고자 이 졸고를 세상에 내놓는 바이다.

Chapter 1에서는 발음 교수법과 한자 교수법, 즉 중국어의 기본 교수법에 대해서 소개하였다. Chapter 2에서는 외국어 교육에서 가장 중요시되는 네 가지 주요 교수법, 즉 듣기, 말하기, 읽기, 쓰기에 대한 교수법을 소개하였다.

물론 최선의 중국어 교육을 위해서는 이상의 여섯 가지 교수법만으로는 부족하다는 것을 잘 안다. 또한 본 책에서 소개하는 교수법이 각 교수자의 해당 교육 현장의 조건과 부합하지 않을 수도 있음을 안다.

하지만 중국어 교수법에 대한 이러한 소개를 통해서 보다 나은 중국어 교육현장이 마련되고, 이를 발판으로 보다 효율적인 중국어 교육이 이루어지기를 바라는 바이다.

▌편저자 소개

윤창준
연세대학교에서 한자문화학으로 박사학위 취득
중국 사천대학에서 박사진수과정 수료
북경대학에서 1년간 외국인전문가교수 역임
현재 계명대학교 인문국제학대학 중국학전공 교수

〈저·역서〉
신조어를 통해 본 현대 중국 사회문화(2018, 어문학사)
현대 중국문화의 이해(2017, 어문학사)
테마로 중국문화를 말하다(공저) (2014, 학고방)
문화로 보는 중국(2014, 어문학사)
중국학개론(공저)(2012, 계명대학교 출판부)
중국어배우기(1권~4권)(2011, 계명대학교 출판부)
중국어 쉬운 독해(2010, 다락원)
스마트 중국어 독해(2010, 동양북스) 등

중국어 교수법

초판 인쇄   2018년 6월 15일
초판 발행   2018년 6월 22일

편 저 자 | 윤창준
펴 낸 이 | 하운근
펴 낸 곳 | 學古房

주   소 | 경기도 고양시 덕양구 통일로 140 삼송테크노밸리 A동 B224
전   화 | (02)353-9908 편집부(02)356-9903
팩   스 | (02)6959-8234
홈페이지 | http://hakgobang.co.kr/
전자우편 | hakgobang@naver.com, hakgobang@chol.com
등록번호 | 제311-1994-000001호

ISBN   978-89-6071-753-4   93720

값 : 11,000원

이 도서의 국립중앙도서관 출판시도서목록(CIP)은 서지정보유통지원시스템 홈페이지
(http://seoji.nl.go.kr)와 국가자료공동목록시스템(http://www.nl.go.kr/kolisnet)에서 이용
하실 수 있습니다. (CIP제어번호 : CIP2018017502)

■ 파본은 교환해 드립니다.